復活経営

起業して50年
諦めないから今がある

上野俊夫
UENO TOSHIO

幻冬舎 MC

復活経営

~起業して50年　諦めないから今がある~

はじめに

　私は大学卒業直後から約五十年にわたり、社員が五十人にも満たない食品会社を経営し、七十歳になる年に同社をＭ＆Ａで一部上場企業に売却し、リタイアしました。その後、大学院に入り、七十六歳でＭＢＡを取得するという人生を歩んできました。

　その間には、オイルショックやバブル経済の隆盛と崩壊、リーマンショックなど経済の大きな波で多くの同業者が倒産、廃業する中、何とか乗り越えてきました。さらに、自分自身も七十三歳で癌などの大病に苛まれ、いわゆる波乱万丈の人生を送ってきたのです。

　もちろん、世の中には、私より何倍も努力し過酷な人生を送って素晴らしい結果を残している人はたくさんいます。中には、本などを通じてその功績が広く知れ渡っている方もいることでしょう。しかし、有名でなくても、小企業の社長が自筆でありのままに書いたほうがリアルに伝わり、かえって共感いただける部分があるのではないかと、何人かの友人に背中を押され、厚顔無恥を承知で本書を執筆しました。

これから起業しようと考えているサラリーマンの方、そしてリタイア後の第二の人生をより充実させたものにしたい方に私の経験を参考にしていただければ、やりがいを感じ大変幸せに思います。

泥船と言っても過言でない零細会社の経営の舵をとり、荒れ狂う大海原で難破と脱出を繰り返しながら、とにかく前に向かって突き進んだ人生を航海にたとえ、物語の中に私の人生観や経営の考え方などをふんだんに盛り込んでいます。人生の海図を描く際の参考にしていただければ幸いです。

末筆ですが、執筆並びに出版の際にお世話になった、株式会社幻冬舎ルネッサンス新社 編集部の下平駿也氏、エディターの鈴木淳氏、友人の高原泰彦氏には心よりお礼を申し上げます。

上野俊夫

目次

第4章

第1章

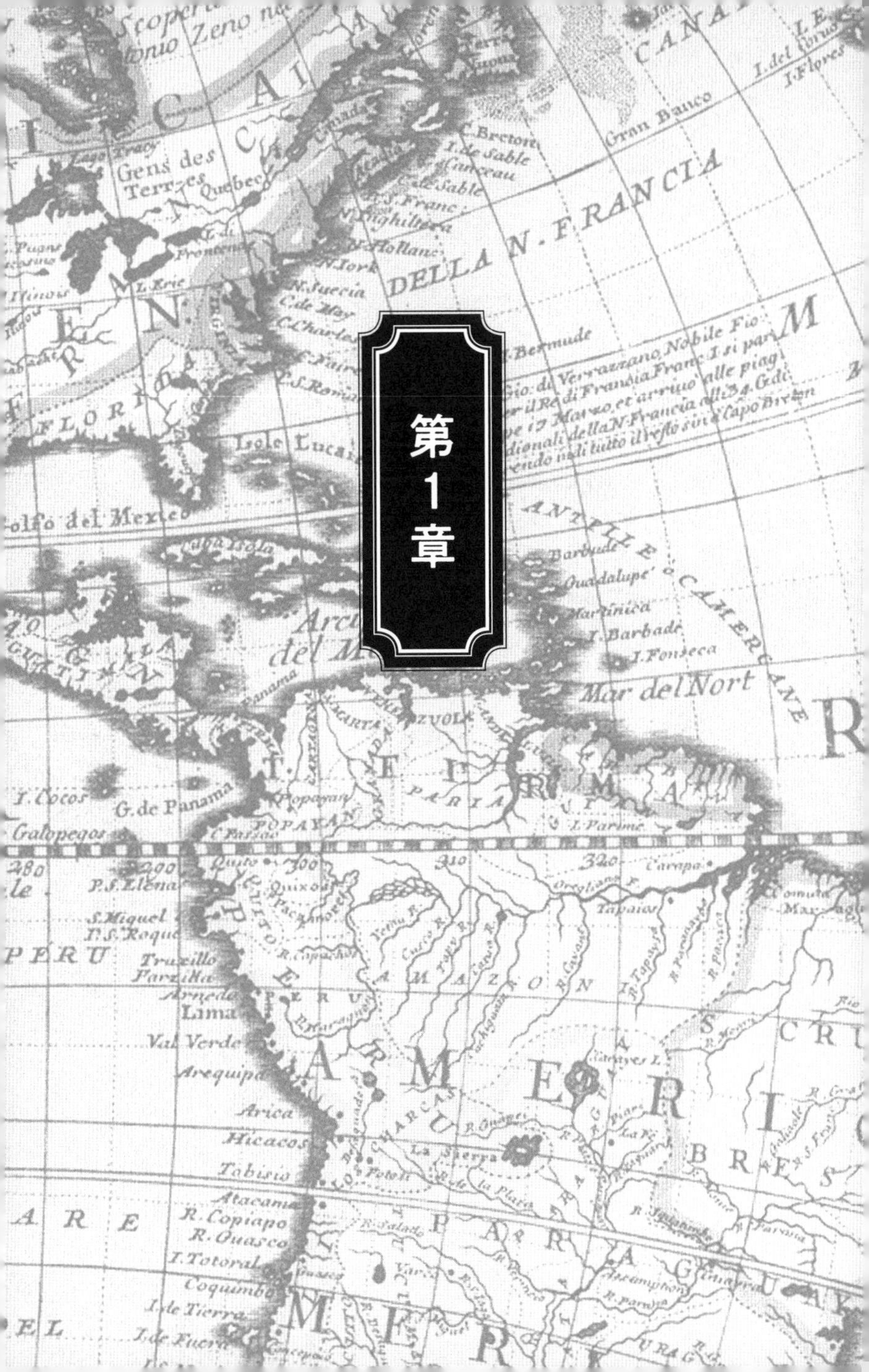
DELLA N. FRANCIA
Gens des Terr-es
Quebec
C. Bretone
I. de Sable
Gran Banco
I. del Corvo
I. Flores
N. Inghilterra
N. Hollanc
N. Iork
N. Suecia
C. de May
L. Erie
FLORIDA
I. Bermude
Isole Lucaie
Golfo del Mexico
Cuba Isola
Barbude
Guadalupe
Martinica
I. Barbade
I. Fonseca
Mar del Nort
ANTILLE o CAMERCANE
I. Cocos
G. de Panama
Galopegos
Popayan
POPAYAN
C. Passao
Quito
P. S. Elena
S. Miquel
P. S. Roque
PERU
Truxillo
Parzilla
Arnede
Lima
Val Verde
Arequipa
Arica
Hicacos
Tobisio
Atacama
R. Copiapo
R. Ouasco
I. Totoral
Coquimbo
I. de Tierra
I. de Fuera
AMAZON
AMERICA
La Sierra
la Plata
PARAGUAY
Asumption
CHARCAS
Potosi
BRESIL
Carapa
Tapaios
Orellana
I. Parime

Episode 1 出港

人には、旅立たなければ
ならない時がある。
それが否応なしに訪れたとしても、
覚悟を決めて漕ぎ出さなければ
一メートルも前には進めない。
だから私は、大きく帆を張り、
吹き荒れる風を受け止めたのだ。

父の急死により、私は大学卒業と同時に
家業を継ぐこととなった。
数日前までは平凡な学生だった若造が、
会社経営の舵をとらなくてはならなくなったのである。
そして、上野食品という当時・二十六人乗りの小型船は、
青二才の船長による指揮のもと、
想像を絶する苦難が待ち受ける大海原へ向けて出港した。

大学卒業の日、父が急死。本人の意思とは無関係に社長就任。

会社経営や経営者の生き方に関する私の持論を語る前に、まずはそれに大きな影響を及ぼした自身にまつわる出来事の数々をお伝えしたい。中でも、一瞬で人生の指針を大きくねじ曲げ、本人の意思とは無関係に経営者の道へと引きずり込んだ「父親の死」を外すわけにはいかない。

忘れもしない一九六五年三月十日、私が大学まで卒業の成績証明書を取りに行ったまさに同じ時刻に、父が四十八歳の若さで他界した。

交通事故で即死した父の体はまるで生きているかのように温かったことを覚えている。遺体にしがみついて泣き崩れている母と弟、妹の姿が脳裏に焼き付いて離れない。この体験こそ、その後、五十年間続いた社長業のエネルギーの源泉になっているのは間違いないと思っている。

父は栃木から東京に丁稚奉公して戦前の一九四一年、二十五歳の時に独立して大井町に味噌醤油問屋を創業した。すぐに戦争が始まり、食糧統制による城南地区の配給所として営業を続けた。戦後も統制はしばらく続き、米、砂糖、塩、酒、味噌醤油などの食料品を市民は自分に割り当てられた量しか買えなかった。餓死者も出るほどの深刻な食糧不足が十年近く続く中、潤ったのは食糧の生産者と卸業者だった。私の父もご多分に漏れずかなり儲けたようだ。その証拠にイギリス製の乗用車オースチンを乗り回して、金ぶち眼鏡に蝶ネクタイで銀座通いをしていたことを覚えている。

1950年4月、食糧統制解除に伴い味噌醤油の小売を始めた上野商店（品川区戸越銀座にて）。

　そして一九六二年、父は東京・品川区の戸越銀座商店街に、同地区では初めてのエレベーター付き鉄筋三階建てビルを新築した。しかも高額の借金を作ってである。落成式は新築ビルの屋上で盛大に執り行われ、その数年前に現上皇陛下と結婚された美智子様（現上皇后陛下）の叔父にあたる正田醤油

（群馬県館林市）の正田会長も主賓で臨席された。

ビルの一階には品川区内でどこよりも早くスーパーマーケット（以下、スーパー）を開業。その当時はどの店も正価販売していたが、最初から割引価格で販売したため連日のように千客万来の大盛況である。地元の商工業者の間では羨望の的になっていた。四十六歳の父はまさに人生の頂点に立っていた。

しかし不運にも、その二年四ヶ月後、一九六五年三月に一億円近い借金を残して父は逝った。

1962年11月、戸越本社ビル落成式にて。美智子妃殿下の実家である正田醤油（株）の正田会長（中）、上野商店 上野前社長（左）。

父との確執を乗り越え
家業を継ぐ決心をした矢先の出来事。

実は大学二年生まで私は父親と確執があり、家業を継ぐ気持ちはさらさらなく、将来は商社勤めと決めていた。ところが三年生になると手のひらを返したように父が急に優しくなり、よく話をするようになった。そして、四年生となり就職活動を始め、いよいよ決断をしなければならない時期が訪れ、母からの内々の話もあり、散々迷った挙句、父の後ろ姿を見て家業を継ぐことにした。

父の私に対する厳しい教育や家業を継ぐ決心をするまでの確執の中で、私を厳しく育てたい父の気持ちは後で考えれば理解できる。それは、父が社会に出て商売の厳しさを肌で感じ、長男である息子をその厳しさに耐える人間に育てなければならないと思ったからに違いない。さらに、味噌や醤油を製造している地方の歴史ある会社には有名大学を出ている社長が多いので、昔の高等小学校（今の中学校）しか出ていない父としては劣等感があって、息子に同じ想いをさせないためにも有名大学に入れたいと考えたのだろう。そこで、家庭教師をつけてくれるなど母と共に教育には金をかけてくれた。

当時は貧乏な家庭が多く、成績が良くても学費が払えないために高校に行けず就職する中学生が近所にも少なからずいた。

戦時中に生まれた私は、三歳の時に疎開した母の故郷（栃木県小山市）で終戦を迎えた。終戦の年（一九四五年）の三月に東京大空襲があって約十万人が焼死し、両親を失った子どもたちは上野駅のそばの路上に寝泊まりしており、浮浪児と呼ばれていた。上野動物園に行った時、偶然に彼らを目にした私は、余りにも悲惨なその光景に幼少ながら動揺したことをはっきりと覚えている。彼らは私とあまり違わない世代だが、その後どのような人生を送ったのだろうか。そうしたことに想いを巡らすたびに、自分はどれだけ恵まれた少年期を過ごしてきたかと感じずにはいられない。今からでは遅いかもしれないが、両親には心から感謝している。

さて、家業を継ぐ決意はしたものの、実家にいては甘えてしまう。東京を離れて一人暮らしをしながら社会人としての経験を積むことは自己研鑽の修行にもなると考え、商売に長けている大阪に行くことにした。そして、大阪にある大手菓子問屋に就職することになった。

つまり、商社勤めを諦めて社会人として第一歩を踏み出す、はずであった。ところが、父の急死で私の社会人生活は最初の段を昇りかけたところで見事に梯子を外されてしまったのだ。

大学出立ての若造が
腹をくくって社長業に専念。

緊急事態のため親族会議が行われ、私が父の跡を継ぐことになった。ただし、大学を出たとはいえ小切手も手形もよくわからない。二十五人くらいいる社員たちは全員が私より年上で、五十歳近い番頭が裏で仕切っていて状況はまったくつかめない。しかも、社長に就任したとたん借金の返済に追われる毎日だ。

来る日も来る日も目の前の仕事をこなしていくのがやっと。当時（一九六〇年代半ば）はまだ卓上計算機などなく、注文伝票の計算は各営業担当がソロバンを使って訪問先から帰社後、手書きで記入していた。だから間違いが多く、全員が書き終わった後に私が毎日二、三時間かけてチェックしていたので、帰宅は夜中になることが多かった。朝だと思ったら夜になり、「今年こそ桜見物を」と思っていたら散っていたという状態である。苦しいとか痛いとか言っていられなかった。

本来であれば、右も左もわからないのが当たり前の新社会人として、大阪で咲き始めた人生の春を心から謳歌していたはずである。この百八十度転回劇を誰が予想できたであろうか。

私は腹をくくった。こうなったら、どんなに厳しい状況も逆に楽しんでやろう。社長としてリーダーシップを発揮するためには、誰よりも早く出勤し、いつも明るく振る舞い、小企業にありがちな公私混同を慎み、率先垂範で仕事に取り組む後ろ姿を皆に見せたのである。

幸いだったのは、職場と自宅が近かったこと。とはいえ、世のサラリーマンは当時、ビートルズやジャズや飲み会で浮かれていたが、食事以外は朝から晩まで仕事漬けで遊んでいる暇はなかった。風呂もろくに入らないから妹たちに「そばに来ると臭い」と嫌がられた。

Episode 2 逆風

平穏無事に目的地まで
たどり着ける
人生航路など存在しない。
進路を遮るものに立ち向かう
勇気と発想が人を強くしてくれる。
それならば腹をくくり、
向かい来る波風を
とことん楽しむべし。

二十三歳の若造が船長となった小型船はとたんに減速。
ベテランの副船長は早々と離脱し、
補給されるはずの燃料は入って来ない。
ただし、私は舵をとる手を休めなかった。
逆風に抗いながらも着実に前へ進んでいけば、
いずれ穏やかな海に出られると信じていたのだ。

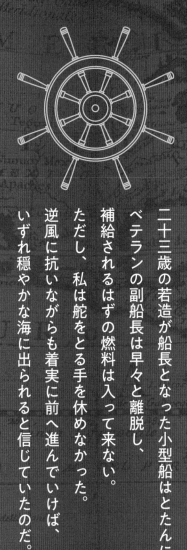

長年にわたり父に仕えてきた番頭が突然退職。

父の死後すぐに、五十歳近い番頭と一緒に得意先を回り引き継ぎをしていたら、半年もしないうちに「辞める」と言い出した。理由はわかっていた。この番頭は前年の年末に集金した三百万円を落として大騒ぎになった。その事件以来、退職金と相殺する話になっていたらしい。父にはかなりの引け目を感じていたと思う。父が亡くなって荷が軽くなったのか最初は張り切っていたが、私が猛烈に仕事をするのでついていくのが大変だと思い、辞める機会を狙っていたと考えられる。父の右腕として長年商売を仕切ってきた番頭の退職で、私は社長就任のわずか半年後に孤軍奮闘することになる。

降りかかってくるトラブルを火事場の馬鹿力で必死に解決。

大学を出たばかりの若造はやる気だけは誰にも負けなかったが、経験不足ゆえにトラブルの連続であった。私の容姿は高校生みたいに弱く幼く見えたのだろう。表面上は従っていた社員とも時が経つにつれて衝突が度々起こるようになった。特に中途採用の営業社員の中には、遊ぶ金欲しさに集金した金を懐に入れる者も何人かいた。当時、銀行振込はなく、ほとんどが現金か小切手だったからごまかしやすかった。

また、一、二年勤めて当社のノウハウを盗み、辞めた後に他の問屋と組んで独立する者もいた。問題は、他の問屋と組んで当社の得意先に同じ品物を安く売り込んで混乱させることだった。その問屋に抗議はするものの、競争相手でもあるので合意してくれなかった。結局、そうした不条理なやり方は長続きしなかったが、商売の厳しさは想像をはるかに超える

1972年、若き日の上野俊夫（29歳）。味噌醤油問屋の古い体質を変革するべく悪戦苦闘した。

ものだった。

その一方で、同業の味噌醤油問屋の社長たちが「上野商店はこれで終りなので、取引には気をつけるように」と仕入業者と密談していたという事実を後になって聞かされた。

社長になった翌年、一番大きい得意先が倒産して五百万円の集金ができなくなった。この噂があっという間に仕入業者の間で広がり、一番取引が大きく信頼していた仕入先の味噌メーカーの社長に騙され三百万円の手形を振り出してしまった。買掛金（仕入商品）と相殺とのことで、その後、何回催促しても商品を送って来なくなり、遂に品切れになった。これには相当困った。なぜならこの商品は売上げの二割を占めていたのだ。

社長に何回連絡をとってもつかまえられずにいた。私はふと先代の社長の奥様と自分の母親が昔、懇意にしていたことを思い出し、その奥様から居場所を聞き出すことに成功。朝早く居場所の前で社長を待ち伏せしてつかまえ、直談判してやっと解決できた。後日談であるが、何年か経ってその会社は社員に赤旗を振られて倒産してしまった。自業自得と言わざるを得ないと思った。

噂というものは本当に恐ろしいもので、いくら説明しても相手は聞き入れてくれない。中には我が社の倉庫に車を近づけ、私の目の前で商品を引き取って行った業者もいた。

悪いことは続くもので、とにかく金儲けをして業績を良くしなければ取引先に相手にされないと思い、社員の気持ちはそっちのけで私は孤軍奮闘、一人でガツガツ働いた。そのため社員のモラルは低下する一方。私はそれにも気づかず、社員は辞めて行くわ、貸し倒れが頻発するわ、散々な目に遭った。

トラブルの話はまだ続く。大田区の営業所が火事になって事務所が半焼した事件。ヤクザにクレームをつけられて脅され社員三人が監禁された上、先方が「社長を出せ」と言ってきたが、話に乗らず弁護士に解決を委ねた事件。宗教団体に所属していた入社わずか半年の社員にそそのかされて、やっと採用した大卒の新入社員四人全員が研修の一ヶ月後に退職願を出してきた事件。

こんなこともあった。年の瀬の十二月三十日にトラックの運転手が人身事故を起こし、早速、私と彼とで病院に見舞いに行って相手の治療費の保証を約束して了解を得た。ところが、その運転手が正月の三日に我が家を訪れ「すぐ辞めさせてもらいたい」と言ってきたのだ。「馬鹿な！　まだ事故は解決していないではないか。解決するまでは勤めてもらいたい」と言って帰した。

するとと翌日が仕事始めだったのだが、彼は会社に姿を見せない。慌ててアパートに行ったら、部屋は、もぬけの殻だった。「しまったやられた」。後の祭りだ。

これで終りでなかった。驚いたことにこの運転手は一月二十五日の給料日に現れたのである。私は「十日分の給料は事故の解決の目途がついたら払うから、それまで待つように」と話した。納得したと思ったら、翌二月二十五日の給料日に五、六人の仲間と現れ、高飛車に「金を返せ、さもないと訴える」と騒いだのである。私はあきれて「こんな馬鹿者は相手にしても仕様がない」と思い、十日分の給料を支払った。後でわかったことだが、何と運転手と仲間の連中は前述の宗教団体の会員であった。この件は常識では考えられない嫌な出来事で、人間不信に陥ってもおかしくない酷い事件だったと言える。「貧すれば鈍する」とはこういうことか。

そのように会社を経営している以上、大小のトラブルは避けて通れないものである。

特に食品会社では、商品が破損したとか中身が腐敗していたとか消費者からのクレームが月に一、二度は必ず届き、その都度、営業部員や責任者が謝りに行く。東京都内ならまだしも、時には九州、北海道に謝りに行くこともあった。

厄介なのは「クレーマー」と称される人たちだ。金や物を欲しさに何回も電話してきて、必要以上の代償を要求する。しかし、その要求を呑むことはなく、あくまでも毅然とした態度で粘り強く対処した。そうしていれば「この会社からは金はとれない」と悟るのだろう、やがてクレーマーからの連絡はこなくなった。

トラブルには外的要因と社内の要因がある。外的要因を解決する基本は「原因」「経過」「結果」を精査して対処方法を明らかにすることである。冷静さとスピードも大切だ。感情的になるのは慎むべきで、相手と粘り強く交渉し先方に熱意を感じ取ってもらうことだ。逆に過度に謝って付け込まれないようにすることも肝要だ。社内の要因は人的な要因が多い。経営者並びに経営幹部の仕事に対する考え方がコンプライアンスを無視し、社員を犠牲にして金儲けに走るケースが少なくない。一時的には利益が出ても長続きせずトラブルに発展するものだ。

後に会社の柱となる自分と同年代の社員を登用。

社長を引き継いで半年後に新しい人材を採って若返りを図りたいと考え、大学に募集を行った。一年後、大卒の男子新入社員を一人採用し、また同時期に大手の証券会社から転職して来た私と同年齢の二十三歳の男を採用した。

私と同世代の彼らは、その後、忠実に働いてくれて部長を経て取締役になり二本の柱となって会社の発展に大いに寄与してくれた。

特に、その一人であるM部長は交通事故に遭ったこともある。対向車と正面衝突して瀕死の重傷を負い、病院に担ぎ込まれて手術室で生死をさまよった。病室で泣き崩れていたお母さんの声を今でも忘れることができない。親の子どもに対する愛情の深さを強く感じ、私は胸を打たれた。「自分の腕が一本なくなっても良いから彼を生かしてほしい」と父の仏壇の前で本気で祈った。幸い手術が成功して会社に復帰したが、社長の責任の重さを身に染みて感じた大きな出来事であった。

彼も結局は四十九年間現役で働いてくれて、会社を支える柱となった。定年後の現在もM&Aで譲渡した会社の顧問として働いている。同じ年齢なので刺激になり、彼がいたから私も自制できたのだと思う。密かに感謝している。

もう一人のS氏も当社で営業部長から取締役になり、定年を越えて六十二歳まで在籍した。その後、より給料の高い会社に取締役として引き抜かれ、転職を決意。引き留めたものの、彼の意志は固かった。

長年勤めてくれたのでホテルで盛大に歓送会を開いて、気持ち良く送り出すことにした。だが、不審なことに移る会社を明かさなかった。就業規則では当社の財産である得意先や仕入先に行く場合は事前に報告相談することになっていた。怪しいと思ったが、追及はしなかった。

そうしたところ、彼が辞める二十日ほど前に、入社するはずの会社が倒産したとの情報が突然入ってきた。しかも、まさしく当社の得意先だった。後で聞いてわかったのだが、その会社の社長に騙されて重役にしてもらう代わりに五百万円の株を買うことになっていたとのこと。残念ながら、彼は当社の取締役でありながら就業規則を破って転職するつもりだったのである。彼は危ういところで五百万円を払わずに済んだが、「世間は甘くない」と身をもって知ったと思う。私は、一時はカムバックさせようと思ったが、社員の手前、再雇用はしなかった。「飛ぶ鳥跡を濁さず」とはこういうことか。

CANADA
Gens des Terres
Quebec
DELLA N. FRANCIA
Gran Banco
C. Breton
I. de Sable
N. Hollanda
N. York
N. Suecia
C. de May
L. Erie
FLORIDA
Isole Lucaie
Golfo del Mexico
Bermude
Barbude
Guadalupe
Martinica
I. Barbade
I. Fonseca
Mar del Nort
G. de Panama
I. Cocos
Galopegos
POPAYAN
Quito
P. S. Elena
S. Miguel
PERU
Truxillo
Lima
Val Verde
Arequipa
Arica
Hicacos
Tobisia
Atacama
R. Copiapo
R. Guasco
I. Totoral
Coquimbo
I. de Tierra
I. de Fuera
AMAZONES
AMERICA
R. de la Plata

第2章

Episode 3

旋回

人生の航路では、大きく方向を
転換すべきポイントが
目の前に現れることがある。
大胆に舵を切って新たな海路を
突き進むのか、
無難な航海を続けるのか、
それは船長次第。
信念と勇気を持って決断すれば、
自ずと結果はついてくるはずだ。

社会という海は、同じ状況であり続けることはない。
時代の波に合わせることのできない船は、
目的地に到着できないどころか、立ち往生、
あるいは沈没してしまうことさえあるだろう。
少し先の海域まで先読みし、問屋からメーカーへ。
転換の好機を、私は逃さなかった。

「家業」から「企業」へ、二十七歳のイノベーション発動。

一九六五年当時の食品市場はまだ物が不足し、流通、決済、情報が整備されていないため、生産者はその機能を問屋に頼らなくては小売店や消費者に届けることができなかった。それは食品業界に限らず、あらゆる業界が問屋を通して流通していたので問屋の力は強かった。私の記憶では味噌問屋が都内だけで三十社以上、関東地区で百社近くあったと思う。

その後、一九七〇年を境に日本経済も右肩上がりになり、私も家業を継いでから五年経ってようやく自分のペースで仕事ができるようになった。

大手のメーカーはラジオ、テレビ宣伝を行うようになり、自社ブランド商品の情報を問屋、小売店を通さずに直接的に消費者が得られるようになってきた。一九六〇年代に黎明期であったスーパーが雨後のタケノコのように出現して大量生産・大量販売の時代が到来する。まだ宅配業者はなかったが運送業者も増えて流通が整備されてきた。大手スーパーが躍進して物流を担う大手の食品問屋と大手メーカーとの結び付きが強くなり、価格と物流で機能を果たせない中小問屋はやがて廃業、倒産に追い込まれていった。

当社も大手スーパーに納入できず、中小小売店に卸売りしていたので徐々に売上げが減っていった。中小問屋だけではなく、中小小売店も力のないところはスーパーに押されて消えていったのである。

1970年、業界に先駆けて食品展示会を開催。大盛況でその後は恒例イベントとなった（写真は1983年5月）。

その頃、私は二十七歳で若く、会社を「家業」から「企業」へと脱皮させてエクセレントカンパニーにしたいと夢を見ていた。何とかならないかと焦りを感じながら思案を重ね、たどり着いた答えは「食品の展示会」だった。これが、社長・上野俊夫にとって最初のイノベーションであった。

味噌・醤油だけではなく瓶詰、缶詰など、いろいろな加工食品を会場に陳列して買ってもらう即売方式で、当時はまだどこもやっていない画期的な催事であった。

会場は当社の倉庫からスタートし、最後には五反田のTOCビルで大々的に行った。各メーカーも自社の商品が売りたくて会場で懸命に説明していた。大盛況だったのは言うまでもない。しかし、各社が同様の展示会を次々と開催するようになり、やがて飽きられていった。

第二のイノベーションはPB開発、問屋からメーカーへの転身。

この頃、味噌・醤油以外の売上げが増加し、全体の売上げも伸びたが、やがて頭打ちになった。理由は、商品を大量に扱う大手の食品問屋や現金問屋の卸価格が従来の中小問屋より安く、当然ながら、小売店は従来の取引先と関係なく安いところから買うようになったことである。そして、商流が大手食品問屋と大手スーパーに移りつつあった。

戦前から戦後にかけての三十年間は物不足のために需要が旺盛で、会社が繁盛して良い時代を過ごしてきた六十代前後の社長たちは、昔の栄華を捨て切れず時代の変化に対応できないまま窮地に追い込まれていった。実際、バブル経済が崩壊した一九九六年頃には味噌問屋の数は半分以下に減り、残りは「企業」から「家業」へ縮小していた。

中小問屋である当社も右に同じで追い込まれていったが、ここで第二のイノベーションを思いつく。自社のオリジナル商品、いわゆるプライベートブランド商品（以下、ＰＢ商品）の開発である。

他社商品を販売すると価格競争になるが、自社の商品なら価格決定権はこちらにあり、利益が確保できる利点がある。早速、味噌、ウーロン茶、インスタントスープなど大手メーカーが弱い商品を狙って開発した。このやり方は利益が確保でき、大いに儲かった。業績も飛躍した。今でこそ食品業界はＰＢ商品であふれているが、その当時は珍しかったのである。父が残した借金一億円も三十歳になる前に返済することができた。

それでも、私は満足していなかった。なぜなら自社のＰＢ商品が大手スーパーに扱ってもらえなかったからである。当社の得意先だけでは販売量は知れていた。ただし、大手スーパーと取引できるのは大手問屋で、当社のような中小問屋は相手にされなかったのである。食品メーカーなら規模は小さくても商品力があれば大手問屋を通じて大手スーパーに扱ってもらうことができた。それなら食品メーカーになろう。メーカーになって大手スーパーに売りまくってやろう。私の胸中はそんな想いで燃え上がっていた。

でも、どうしたら良いのか。人間は窮地に追い込まれると、それを本能的に避けようと良いアイディアが浮かぶらしい。地方の味噌メーカーの営業代行を自社のセールスが受け持ち、大手問屋に味噌メーカーの商品を売込みに行くやり方を思いついた。

商品の表示は「販売者・上野食品株式会社、製造者・○○味噌醸造株式会社」とダブル表示にする。この表示は何の抵抗もなく大手スーパーに受け入れられた。メーカー代行になって、いよいよ販売することになった。私は大手スーパーに入る機会を狙っていた。すると千載一遇のチャンスがやって来たのである。

こうしたいと思う心や問題意識を持って全力で努力していれば、その人にチャンスは必ず訪れる。だが、大抵の人は持ち堪えられなくて諦めてしまう。一部の人だけがチャンスを活かして人生の成功者になれるのだと思う。

奇跡の再会に端を発する、怒涛の取引先開拓劇。

ご承知の方は多いと思うが、一九七三年、石油パニックが起きた。中東戦争が勃発してＯＰＥＣが石油価格を大幅に引き上げた。石油は食品に限らずほとんどの消費資材の原料であり、ボイラーの燃料としても使われている。各メーカーは在庫がなくなり次第、高い石油を使わざるを得ないので、次々と値上げを発表した。

慌てたのは消費者である。大幅値上げされてはたまらないので、値上げ前に片端から買いだめを行った。スーパーでは加工食品とトイレットペーパーなどの日用品コーナーに行列が出来、それらの商品はあっという間に店頭から消えた。

味噌・醬油も例外ではなかった。大豆も米もボイラーを使って蒸煮しなくてはならないし、詰めるナイロンやビニール袋も石油を原料に作らねばならない。大手スーパーや中小の小売店で品切れが続出した。特に大手スーパーは権力を武器に、品切れを起こさないように問屋やメーカーに余分に発注してきた。何せ店頭に並べればすぐ売れてしまうのである。

そんな時、前述の正田醤油の営業から私のところに重要な朗報が舞い込んで来た。池袋に本社がある東武ストアから正田醤油の営業に「どこか味噌を大量に供給できるメーカーを探してくれ」との依頼があったという。この話を聞いて、以前から大手スーパーに売込む機会を狙っていた私は、すぐに飛びついた。

早速、翌日アポイントを取り正田醤油の営業も同行のうえ東武ストアの担当課長を紹介してもらった。各スーパーでは味噌に限らずあらゆる加工食品が品不足になり、仕入担当者にとって頭の痛い問題であった。当然、味噌も品不足気味で仕入れの量を確保することが喫緊の課題で、あらゆる手を尽くして供給先を探していたのである。当社に話が来たのにもこのような背景があった。私は東武ストアの仕入担当者に「当社は信州味噌メーカーの販売代行会社で味噌の供給は十分できる」旨を説明し納得してもらった。

しかし、ここで大きな問題が発生した。当社には東武ストアの口座がなく、新規の口座を開設するのは大変で時間が掛かる。手っ取り早く供給するには、東武ストアと取引している問屋を通すのが一番良い方法なのだが、当社には大手問屋との取引がなかった。東武ストアの取引は大手食品問屋ばかりで、その中に当時、有名な国分株式会社があった。国分と取引できれば他の大手スーパーにも入ることができると思い、同社と取引しようと勝手に決めた。

早速、電話帳をめくり国分の担当者にアポイントを取り、面談まで漕ぎ着けた。東武ストアが当社の味噌を欲しがっている事情を話したが、その前に当社が国分と新規に取引できる資格のある会社なのか、先方の担当者は懐疑的だった。無理もない。本来はメーカーと直接取引を行い商品の販売をするわけだが、当社が販売を代行するので、メーカー直になっていなかったのだ。商談は暗礁に乗り上げ、担当者は思案の挙句、上司を呼んだ。その時、予期せぬ事態が起きた。いま考えたら奇跡と言ってもおかしくない再会があったのである。上司が出てきたとたん、お互いにアッと声を上げて驚いた。

「上野さん、どうしてここにいるの？」

「掛札さんが仕入れ担当課長なのですね！」

実は、大阪万博が開催された一九七〇年、一ドルが三百六十円の時代に、我々はキッコーマンが企画したアメリカ流通使節団に参加した仲間だったのである。

羽田での出発式は盛大で花束に溢れ、拍手と万歳三唱に送られ、まるで戦地に出征するかのようであった。初めてのアメリカ旅行は聞くものも見るものもスケールが大きく、我々は圧倒された。どこに行っても道路は広く大きく、すでにディスカウントストアやショッピングセンターなどの複合施設があちこちにあり、「こんな国と戦争するなんて、日本の軍部は自惚れが酷い」とさえ思った。

余談だが、ニューヨークの五番街にあるティファニーで家内に宝石をカードで買ったが怪しまれて相当待たされたのには閉口した。おそらくその場で信用調査を行ったのだと思う。

また、アメリカではコンピューターが普及していたのにも驚いた。そのお陰で上野食品は業界でどこよりも早くコンピューターを設置できたのである。コンピューターと言えば当時、日本ではまだパンチ穴の開いた紙テープを用いていたが、アメリカではすでにフロッピーディスクを使っていた。私はその性能に驚き、何とかアメリカ製のコンピューターを導入したくて探していたら、運よく機械商社の山善から中古のアメリカ製のコンピューターを買うことができた。価格は高かったが、バロース製（現ユニシス製）で、セールス別売上げはもちろん粗利益を出すことができたので画期的だった。同業者が何社も視察に訪れては、皆が驚いていた。この時を契機に、上野食品は売上げより粗利益管理に重点をおく経営を何十年間も続けてきた。業績の「見える化」に大いに役立ったと言える。

さて、話を戻すと、その使節団の中でどういうわけか国分の掛札さんに目を掛けられていた。私は「東武ストアから味噌の大量注文をもらっているが口座がないと流通できないので、ぜひ国分さんの口座を開いて欲しい」とお願いした。すると、すぐさま「管轄は板橋営業所だから」と所長に連絡を取ってくれた。

さて、売上げナンバー1の天下の食品問屋が新規口座を開いてくれたのである。それには頼んだ私も驚いたし、本当に幸運な出来事だった。心から嬉しくて掛札さんには五十年経った今でも感謝し連絡を取っている。もし使節団に参加していなかったら、あるいは参加しても掛札さんに悪い印象を与えていたら新規口座は開設できず、その後の展開もなかったわけである。それを考えると「願いが天に届いたのか」と不思議でならないのだ。まるでドラマのような話だが、これは真実なのだ。

翌日、国分の板橋営業所長とともに東武ストアを訪ね、信州味噌一キロ袋詰の大量受注を得た時は、長年の夢が叶った気持ちで一杯になり、家内に電話で報告する際には胸が詰まり涙声になったことが今も心に焼き付いている。

有難いことにその後、東急ストア、小田急ストアなど大手スーパーと次々と取引ができるようになり元請けの工場は生産で大忙しとなった。取引開始に当たっては、国分との商談の経験が活かされた。まず大手スーパーのバイヤーに売込みに行き、取り扱いの承諾を頂いてからバイヤーに取引問屋を紹介してもらうのである。ボトムアップ方式で大手問屋と新規口座を獲得することが容易になり、このやり方でほとんどの大手の食品問屋と取引ができた。ただし、大手と違いローカルブランドの商品をスーパーのバイヤーに扱ってもらうには、商品力より熱意と粘りで相手を説得する人間力を含む営業力のほうが重要で、簡単ではなかった。テレビ宣伝している商品はバイヤーも扱わざるを得ない場合が多いが、名前も知られていないローカル商品はバイヤーの気持ち次第で扱いが決まるので、腕の良いセールスでないと難しかった。したがって、私はいつも前線で孤軍奮闘せざるを得なかった。今は社内規則が厳しくなっているが、当時はバイヤーの接待も効果が大きかった。

石油パニックは一九七三年から一九七六年まで続いたが、やがて石油も順調に供給されるようになるとパニックは収まり、食品も潤沢に出回るようになった。逆に、その反動で供給過剰気味になり、食品業界は売上げ不振が続いた。当社の販売も二年間は順調で売上げが大幅に伸びたが、テレビ宣伝している有名ブランド品が大量に供給可能になると、ローカルブランドの当社商品は片隅に置かれ、受注が目に見えて減っていった。やはりテレビ宣伝している商品はスーパーの店頭では強い。ここでまたしても壁にぶつかり、せっかく築いた大手問屋、大手スーパーの流通ルートを活用できず、ジリ貧状態が続いた。

Episode 4 活路

最良の道は自ずと
拓かれていくものなのか。
それとも、自らの力で
築くべきなのか。
前者も間違いとは言えないが、
源泉に強い意志が
あってこその「開拓」だ。
知恵を絞り、精進を重ねれば、
必ず活路は見えてくる。

一寸先も見えない苦しい日々が私を強くした。
重ねてきた経験が、様々な知恵を与えてくれた。
上野食品がたどり着いた一つの到達点。
それが、日本初のカップみそ汁の開発であった。
ここから我々が進むべき、
唯一無二の海路が拓かれていった。

フリーズドライ製法による、日本初のカップみそ汁誕生へ。

人間は追いつめられると最後にはアイディアが浮かぶものと思っていたが、今回だけはそう簡単にはいかなかった。ただし、せっかく流通網を確立できたのだから、味噌だけでなく他の加工食品を開発して売ることは可能だと思っていた。とは言え、なかなか開発は進まない。そんな時、永谷園の「あさげ」「ゆうげ」のインスタントみそ汁、ネスカフェの「フリーズドライ製法」のテレビ宣伝に目がとまった。あまり聞いたことのないその製法に興味を抱き、調べてみることにした。

調査の成果はこうだ。従来は食品を熱で乾燥させていたが、フリーズドライ製法は食品を凍らせてから気圧をゼロにした真空の装置に入れて水分を蒸発、(昇華現象により) 乾燥させる方法である。これにより軽くて、栄養が生の食品と変わらない優れた製品が出来上がる。

フリーズドライ製法はアメリカが宇宙食用に発明したものだが、これにいち早く目を付けたのがネスカフェの「フリーズドライのコーヒー」で、現在も世界中で売れている。確かにこの製法は、熱を加えないので味も香りも格段に優れていることがわかった。みそ汁と具材（野菜）はフリーズドライのほうがはるかに美味かった。

だが、ここから先が見えなかった。わかっていることは、味噌以外の加工食品を開発してヒットさせねばならないことだ。それは、いったい何だろう？ 問題意識は常に持っていたが答えはそう簡単に出ない。食品の開発は、千に三つ当たれば良いとされているくらい難しいのだ。当然いろいろトライしてみたが、たいして売れなかった。

そんなある時、たまたま新宿のホテルの地下にあるスポーツクラブでトレーニングをしていたら、以前、商談で当社を訪れたわらべや日洋の大友社長（故人）に出会った。

「大友社長、大変ご無沙汰しています！ 今は何をなされているのですか？」

「上野さん、新しく移動式のおにぎり販売店を始めたので、見に来たら？」

「わかりました、ぜひ見せてください」

実はこの出会いが、日本で初めてカップみそ汁を当社が開発したきっかけとなったのである。

大友社長と言えば、パン業界と総菜業界で知らない人がいないくらいの有名人。調理パンやおにぎり、弁当を開発してヤマザキパンやコンビニのS店に納めていて、わらべや日洋で一部上場企業に名を連ねている。

実は、父が他界した二ヶ月後、大友社長はわずか三人で当社を訪れていた。「三人で会社を始めたので協力して欲しい」との話で、取引しているうちにヤマザキパンはじめ大手の製パン会社に調理パンを納めて大成功。たちまち何千人もの社員を抱える会社に成長したのである。市場規模の大きい潜在需要にヒットして取り込むことができれば、小さい会社も大会社になれるという典型的な例だ。問題は潜在需要を見つけてヒットさせることができるか否かである。

話を前に戻すが、わらべや日洋はどこよりも早くおにぎりの販売店舗をトラックで移動して街道沿いに設置した会社である。その後、ほっかほっか亭などの弁当店が日本国中に続々と出店され、コンビニでも弁当を扱うようになり、今でも衰えを知らない。

大友社長に言われるまま、まずは店舗に顔を出して様子を見てみた。そこである問題点を見つけ、早速、本社に出向いた。

店舗ではみそ汁を鍋で沸かして発泡スチロールのカップに入れて売っていた。いつ客が来るかわからないので、みそ汁を常に鍋で沸かしていたのである。みそ汁は常時煮込んでいたら、当然ながら味も濃くなるし、具も萎えてきて美味しくないはずである。

私は本社の担当常務に「手間をかけずにうまいみそ汁を出す方法があるのですが」と言ってみた。興味を示したので「カップに粉末のインスタントみそ汁を入れて客が来るたびに魔法瓶の熱湯を注いで出せば簡単ですよ」と提案。すると常務から「インスタントみそ汁はまずいのでダメ」との答えが返ってきた。私はそうくると思っていたので、「フリーズドライ製法で作ったみそ汁なら、味も香りも生と変わりませんよ」とすぐさま返した。

早速、この日のために用意したサンプルを試食してもらった。彼の目の色がたちまち変わった。「こんなに美味いとは知らなかった、全店導入しよう」。私は心の中で万歳三唱していた。興味を示していたフリーズドライ製法の知識が、みそ汁の開発に役立ったのである。

わらべやブランドのカップみそ汁を急いで製造しなければならない。しかし、製造するための機械も原料も設備も当社にはない。受注したけれど工場がないので製品が出来ないなんて、いま考えれば非常に情けない話である。自社で製造するには「人」「場所」「機械設備」「ノウハウ」が必要で、それには少なくても半年は要する。

やむを得ず、フリーズドライの粉末味噌（生の越後味噌をフリーズドライにしてくれる会社に供給して粉末にしたもの）とフリーズドライの野菜の具、包装資材を各会社から買付けて、それらを下請け会社に供給し、一食ずつ包装してもらった。一万食分を当社の倉庫に入れて、パートを雇ってカップに詰めて何とか間に合わせたのである。

しかし、それでは本当のみそ汁メーカーにはならない。先方が工場見学に来たらどう説明したら良いのか。早く自社で一食入りのみそ汁を作らねばならないと焦った。

そのような状況下で、わらべや日洋の受注はどんどん増えていった。なるほどカップみそ汁はおにぎり、弁当のテイクアウトに便利で想像以上に売れると、食品業界で私は誰よりも早く知ったのである。このことは次のステップの後押しになった。

そうこうしているうちに、テイクアウト専門の弁当チェーンが出現してきた。ほっかほっか亭、こがねちゃん弁当、京樽などがどんどん出店してブームになった。私はこの機を逃さなかった。以前、石油パニックの時の経験で学んだように、店に直接売込みに行き、受注したら、その店に卸している問屋を紹介してもらうローラー作戦を展開した。そのボトムアップ方式が功を奏し、新しい業務用食品問屋を相当数獲得した。中でも日本で一、二の売上げを競う業務用食品問屋を獲得できた。

「スタンカップ」大当たりで、個性派社長はつい有頂天に。

一九七六年から八五年は、各味噌メーカーはカップみそ汁の先行きを見通せず開発が遅れており、先行した我が社の独壇場であった。

いよいよ当社も工場を作るべき時期に至ったが、誰もそのノウハウを教えてくれない。そもそもフリーズドライ製法自体があまり知られていなかったから、おそらくノウハウを教えられる人などいなかったのだ。私は食品機械の展示会や、ナイロンアルミ包装資材の会社、あるいはフリーズドライ製法で味噌を粉末にする工場に足を運び、自らノウハウを得て半年で戸越の倉庫内に工場を稼働することができた。一九七八年頃のことである。何から何まで独学であったが自社工場が完成したのである。

1978年7月、スタンカップ新製品発表会を開催（品川のパシフィックホテル東京にて）。

これもまた余談だが、あまりにも夢中になり、他社のみそ汁のサンプルをたくさん飲んだために胃潰瘍の発症を医者に知らされて驚いたこともあった。今でも検査をすると、その跡が残っているらしい。

話は前後するが、わらべやブランド以外の

取引先に当社が自社商品を販売するにはブランド名が必要になる。私はカップみそ汁だけでなく他の加工食品にも使えるブランド名を考えていた。しかし、カップみそ汁を連想させるブランド名でないと消費者に知れわたらないのではないかと考え、ひねり出した名称が後に登録商標になった「スタンカップ」だ。由来は何かとよく聞かれるので、「東西どこでもすぐに食べられることを、英語にすればウエスタン、イースタン、スタンバイ、インスタントになる。みんな〝スタン〟が付くので『スタン、スタン、スタンカップ』になった」と説明している。実はこれには、学生時代に付き合っていた青山学院大学の女子学生から「〝パピプペポ〟と〝ン〟の発音は広告用語で話しやすく聴きやすいの」と聞かされていたことを思い出し〝ン〟と〝プ〟を使用したという裏話がある。今頃、彼女はどうしているだろうか。若き日の淡いエピソードを思い出し苦笑してしまった。

さて、戸越倉庫は工場に占められていることもあり手狭になったので、一九七七年、大田区千鳥町に倉庫を移し、賃借した。結果、戸越は専用工場となった。

この年は当社の記念すべき年で、当時、人気があったニッポン放送のラジオ番組「いまに哲夫の歌謡パレードニッポン」でラジオＣＭを平日の昼過ぎに流した。

ラジオは車を運転している人や商店主、主婦など結構幅広い層が聴いており、効果的で十二年も続けた。最初は「スタンカップ」を連呼したが、効果がないことがわかり、お寿司、おにぎり、お弁当の店に絞り込んで呼びかけた。これが大当たりしたのである。

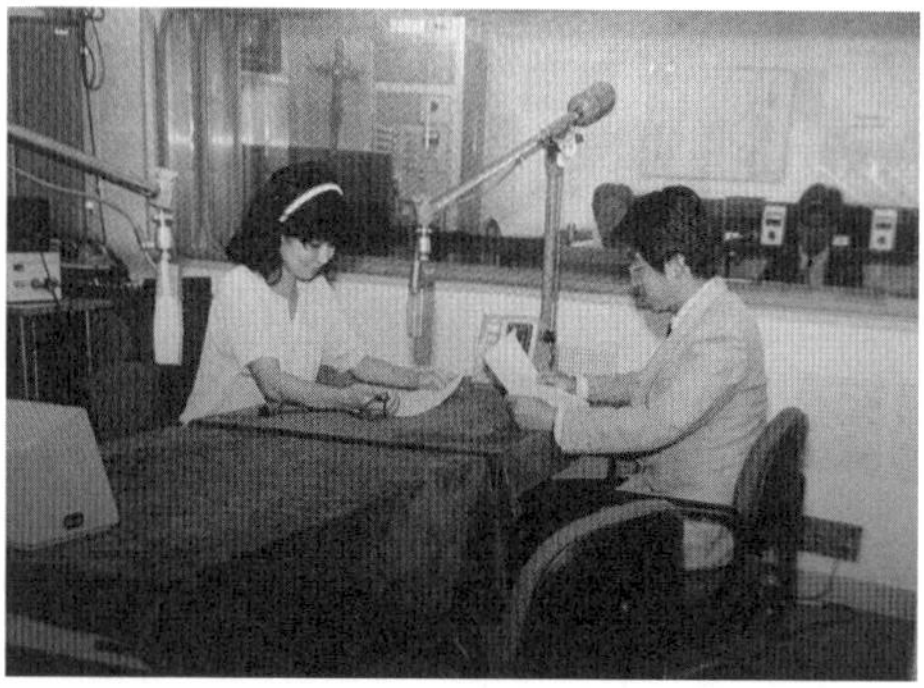

自社のラジオ CM には社長自ら出演した（1978年9月、ニッポン放送スタジオにて）。

大当たりしたCMを今でも覚えている。敢えて紹介させてもらうと「ピンポン」の後、女子アナウンサーが「上野食品の社長からお寿司、おにぎり、お弁当屋さんにお知らせいたします。では社長どうぞ」。続いて私が「恐ろしくうまいカップみそ汁、スタンカップの大好評にお応えして、またまた、豚汁となめこ汁を出しました、え、もう注文！有り難うございます」。ラジオCMで社長が自ら出演するのは珍しく、局内で話題になった。その後、P社のCMに同社の会長が出演したのを覚えている人も多いと思うが、実はラジオでの「トップのCM出演」の草分けは私だったのである。

客層を絞り込んだお陰でお寿司、おにぎり、弁当を売っている食品業界の関係者に「スタンカップ」は知れ渡り、続々と注文が入って来た。工場をフル稼働しても生産が追いつかなくなり、当社の営業が自分の担当する得意先に品切れを起こさないよう工場に見込み発注して混乱状態になる事態まで起こった。

この頃には名のある食品問屋や業務用食品問屋、中小問屋などとほとんど取引ができて、食品業界での認知度が上がった。他の食品メーカーが扱っていないことも幸いして、カップみそ汁市場は「スタンカップ」の一人勝ちの状態になった。

特に「あさり汁」「豚汁」「なめこ汁」は好評であった。機が熟したこともあって取引先の問屋と大口販売店を招待して一大イベント「スタンカップ新製品発表会」を開催した。品川駅前にあるパシフィックホテル東京の宴会場を借り切って、二百人の客を招待した。その中には当時まだ駆け出しの落語家・三遊亭楽太郎（現・三遊亭円楽）やマーケティングの権威であるランチェスター理論研究者の田岡信夫先生もいた。ラジオの他にテレビCMを試しに行い楽太郎を起用した。

しかし、テレビは広告料が高かったので半年でやめることにした。また、田岡先生には講演をお願いした。

読売新聞や毎日新聞に「スタンカップ」の新商品が掲載されることも度々あった。私個人がラジオCMの原稿を作って出演していたこともあり、個性的な社長だと思われて講演の依頼まで舞い込み、本人も多少有頂天になっていた。

食品のテイクアウト市場がトレンドになって弁当チェーン店でなくコンビニも弁当に力を入れてきた。L店、F店など、S店を除くほとんどのコンビニで「スタンカップ」を扱うようになった。まさに絶頂期であった。

会社を二分して資本と経営を分離。

ここで大事なことを説明しなくてはならない。実は一九八八年頃に公認会計士と相談して重要な決断をした。上野食品株式会社（旧・上野商店）は父が引き継いだ時に株の所有は母の持ち分が六十パーセント、私の持ち分が四十パーセントの同族経営であった。

私は就任した時に「家業の同族経営から、社員を株主にしたスマートな企業経営に脱皮したい」と考えていた。身内だけが重役になっていては、社員のマネジメントの意識は高まらないと思い、会社を身内のものではなく社員のものにしたいと私は本気で思っていた。それなら会社を二分して従来の上野食品（株）を上野ビルディング（株）に名義を変更し、新しく上野食品（株）を設立すれば良いと考えていた。

新会社の上野食品の株主は、私と社員を含め四名で資本金は三千万円。その中で長く勤務している女子社員一名に一般株主として五十万円出資してもらい、二名の男子社員は重役にしてそれぞれ百五十万円出資してもらった。私と社員だけの会社にして、妻も上野ビルディングも株主に入れなかった。完全に資本と経営の分離を敢行したのである。

社員、得意先、仕入先、在庫、流動資金などは新会社の上野食品に移した。その代わり土地、建物は上野ビルディングから賃借した。一方、上野ビルディングは八億円の借金で土地、建物を所有、管理して賃貸業を行った。そして新会社となった上野食品は月次決算を社員に見せて検討会を開いた。開かれた経営に特化した借金ゼロ、新会社・上野食品の登場である。これは画期的なことで、「経営の見える化」は社員の経営参加を促し、月を経るごとにモラルが向上し、社員の定着率が非常に良くなった。決算書を毎月、全社員に見せて説明会を開いたので、身内にありがちな公私混同ができないのである。私自身も隠さず堂々と仕事ができて気が楽になった。なぜなら、全員経営は社長のみならず社員が経営責任の一端を負うことになるからである。

ほとんどの中小企業経営者の場合、このやり方には勇気がいる。なぜなら給料や交際費の総額を見せたら身内の待遇の差で社員の中から不満が出兼ねないからである。それでも会社の私物化を避ける方策をとらないと、社員のやる気をなくし、優秀な人材は去って真の会社の発展はないと私は思っている。

実は経営と資産を分離して、会社を設立するやり方は良い面もある反面、弱点があった。上野ビルディングは不動産管理会社なので、戸越ビルはテナントに賃貸し、千鳥町ビルは一階、二階を上野食品に、三階から五階は住居として賃貸しているが、その家賃を原資にして銀行から膨大な借金をしていたのである。したがって、万が一空室が多く出たり、上野食品の業績が悪くなったりして家賃収入が滞ったら、両者共倒れになる危険があった。

上野ビルディングが利息を含めて九億円近く返済することは、バブル真っ最中の当時、余り心配しなかった。しかし、その後バブルの崩壊が始まり、後に地獄をさまようことになったのである。

DELLA N. FRANCIA
Gens des Terres
Quebec
Gran Banco
C.Breton
I.de Sable
Golfo del Mexico
Mar del Nort
Barbude
Guadalupe
Martinica
I.Barbade
I.Fonseca
G.de Panama
I.Cocos
PERU
Truxillo
Lima
Val Verde
Arequipa
Arica
Hicacos
Tobisio
Atacama
R.Copiapo
R.Guasco
I.Totoral
Coquimbo
I.de Tierra
I.de Fuera
La Sierra
Quito
Carapa
Tapaios
POPAYAN

第3章

Episode

5

座礁

見えにくい難所で
つまずいてしまう。
それは偶然ではなく、
必ず自分の中に原因がある。
問題は、一人でもがくだけか、
持てる知力と体力、
さらには他者の力も借りて
抜け出すことに最善を
尽くすかどうかである。

好調な航海が長く続くと、
人はつい荒れた海のことなど忘れてしまう。
足元が見えなくなるとは、まさにその状態だ。
カップみそ汁の大ヒットに気を緩めた私は
不本意な難所へ進み、船は座礁してしまう。
そこを脱出するのは容易ではなかった。

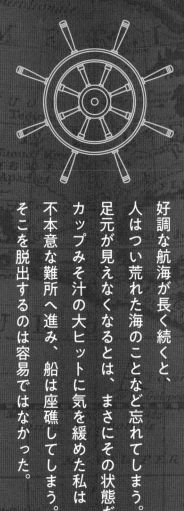

S店との契約は破談。新工場建設も水の泡に。

そしてついに、大手コンビニのS店から大手の食品問屋を通じて引き合いがあった。早速、商談に行き、取り扱ってくれるという感触を得た。なぜなら「百万食になるのでキャパシティは大丈夫か?」と訊かれたので「何とかします」と答えたのだ。

実は、当時の工場では五十万食の生産が限界で、S店に納めるには新しい工場を建設しなければ間に合わなかった。

「大変だ、早くしないとせっかくの商談がダメになる」。そんな焦りから、まずは工場用の土地探しが始まった。一九八四年頃は、まだ土地ブームになっていなかったので、すぐ見つかった。西船橋の工業団地にある二百坪の土地を購入することになった。

通常、納入が決まるまでには二、三ヶ月は掛かるので、その間に新工場が完成すればぎりぎり間に合うと思った。商談の時の約束で、S店の担当者から連絡が来ることになっていた。しかし、待てど暮らせど連絡がない。

一ヶ月が過ぎて、やっと連絡が来た。すぐさま先方を訪問した。ところが、冒頭から衝撃の話を聞かされる。「上野さん、H社さんにカップみそ汁をプライベートブランドで商品化してもらうことになりました」。私は一瞬、聞き間違えたのかと思った。「確かH社はカップみそ汁を作っていないはずだ。どうして?」。後でわかったことだが、S店バイヤーはH社からの出向者だったので情報が筒抜けになっていたらしい。運が悪いとしか言いようがない。

私は考えた挙句、すぐさま西船橋の土地を手放した。五百万円以上は損したと思う。

教育事業に手を出して、本業は部下任せに。

宣伝費に年間三千万円以上支払っていたが、会社の業績はすこぶる良く相変わらず無借金経営は続いていた。内部留保も億単位になった。どこよりも早くカップみそ汁を開発し、時代のニーズを先取りして、おにぎり、弁当などテイクアウト市場にヒットさせたお陰で会社の経営は順風満帆だった。そして好奇心から色気が出て、以前から興味があり、いつかやってみたかったスマートな事業に手を出した。教育事業である。平成時代が幕を開けた一九八九年のことだ。

五反田駅近くに高い家賃でオフィスを借り、上野食品教育事業部として発足。教育ビデオの制作と販売、後に英会話学校を経営することになった。

教育事業部が開設した英会話学校の先生と生徒たち（1990年6月撮影）。前列、一番左が上野社長。

手を着けた以上、絶対に成功したかった。いま考えると馬鹿なことをしたとはっきり言えるが、私は英会話の勉強のために三ヶ月間オーストラリアでホームステイまでして教育事業に没頭した。

なぜオーストラリアかと言うと、大学の後輩がすでに二十年以上前に一級建築士事務所をシドニーに開設していたので、何かと都合が良いと考えたのだ。

彼の紹介でシドニーから電車とバスで一時間以上離れたイギリス系の奥さんとタイ系のご主人が暮らす家にホームステイさせてもらうことになった。

今から三十年前の話だが、生活習慣はイギリスの影響を受けていたので、ご主人は会社から夕方五時に帰宅すると庭掃除、洗濯物の取り込み、ゴミ出しなど家事の手伝いで忙しかった。おおよそ欧米の人たちは、日本のように新しい電化製品は買わないで古いものを大切に使っている。二歳になる赤ちゃんを預けて奥さんは働きに出ている。また離婚も多く、奥さんの母親も離婚していて、別れた父親もたまに来るので少し日本と違う感じがした。すでに三十年前から、オーストラリアの生活は今の日本の若者と同じ生活様式になっていたのである。

オーストラリアに来て気づいたことが多いが、その中で日本の親御さんにぜひ注意してもらいたいことがある。二十～三十代の独身女性が留学と称してこの国の英会話学校によく入学しに来るが、英会話の勉強に慣れてくるといつの間にか現地の男性と親しくなり、中には同棲をする者もいる。向こうはパーティーが盛んで、同棲しているらしきカップルがいて、うっかり話し掛けると「オーストラリアにまで来て日本の男とは話したくない」とばかり睨みつけられることもしばしばあった。

親から仕送りをしてもらい、その金で遊学しているうちに堕落してしまうのだ。全員がそうではないが、親が知らないので気が緩むのであろう。特に日本の女性はナイーブ（世間知らず）と思われて外国人に狙われやすい。子どもを留学させるには現地の知り合いか保証人に頼まないと、事件に巻き込まれたりして危険である。

本当の意味の留学とは、ＴＯＥＦＬまたはＴＯＥＩＣに合格して外国の大学に入学することである。それであれば遊んでいるわけにいかないし、学ぶ環境が良いので、だんだん人の見分けもできるようになり、国際感覚も多少身に付くようになる。

余談だが、オーストラリアやヨーロッパでは、私に限らず日本の男性は目立たない。それはポジティブな行動に弱く英語が下手だからで、中国人や韓国人には明らかに負けていた。

さて、話を戻すと、上野食品の主要な仕事は、すべてナンバー2のＭ部長を代行社長にして任せ、一切口を出さなかった。だが、一サラリーマンがいきなりオーナー社長の代行をするには無理があった。本人は一生懸命やってくれていたが、同期入社の他の部長が代行社長の言うことを聞かなかった。事あるごとにクレームをつけ、部下を自分の方に引き寄せて派閥を作った。会社が二分して騒がしくなった。私はそのことを知らずに一切口を出さず、経営は任せっきりにした。

その頃になるとテレビ宣伝を行っている大手メーカーが競ってカップみそ汁を発売し、競争が激しくなった。コンビニをはじめ大手販売店のカップみそ汁が大手メーカーの製品にとって代わり、徐々に市場は奪われていった。

私と言えば過去の栄光に浸り、また内部留保の金もあったので教育事業部を別会社にしようと一生懸命だった。まったく危機感が薄かった。

バブル経済の波に乗り、不動産購入で借金地獄に突入。

教育事業に手を出した前年の一九八八年には、銀行から上野ビルディングに大口の融資話があった。大田区千鳥町に借りている営業所の近くに、道路に面した百坪の空地があった。駅に近く営業所にはもったいないくらいの土地である。不動産会社に交渉したら坪五百五十万円と言われた。あまりにも高いので断るつもりでいたら、銀行の支店長が「融資するから買ったらどうか」と言ってきた。しかし、そこにビルを建てるとなると採算が取れないし、返済に苦しむことは目に見えていた。そこで「坪四百万円なら買いたい」と相手に伝えた。断りの返事が来た。諦めきれなかったが、高過ぎたので諦めざるを得なかった。

ところが、一年近く経過した頃、突然、不動産会社から私に電話があった。「買い手がついて現在交渉に入っている。坪四百五十万円だが買う気があるなら先方を断っても良い」との話であった。早速、銀行の支店長に相談したら「融資するから買ったほうが良い」と言われた。坪五十万円高かったが、買う決断をした。なぜなら支店長から「上物のビルの建築費用も貸すから任せてくれ」と言われたからだ。

後でわかったのだが、この土地は坪四百五十万円でも売れなかった物件で、私は不動産会社のトリックに引っ掛かったらしい。契約した一九八九年はちょうどバブルが始まった頃で景気が良く、バブル崩壊の一九九三年まで土地や株が急上昇していた。参考までに、現在の相場は三百万円くらいと聞いている。

その頃、上野食品と上野ビルディングは大手銀行・二行と取引があったが、両者とも無借金で内部留保金が多かったので両支店長も親しく付き合ってくれた。

二年後、上野ビルディングは購入した土地に五階建てのビルを建設した。一階、二階を上野食品に賃貸し三階以上は住宅にして賃貸することにした。バブルの最中なので建築資材が値上がりして予算が大幅にオーバーして土地を含め八億円も掛かってしまった。それでも銀行はいくらでも貸してくれた。戸越の本社工場、新しく購入した千鳥町の土地、そしてすでに世田谷の等々力に四十坪の社宅を上野ビルディングが所有していた。当時は土地などの固定資産を高く評価していたのである。

その頃、運良く等々力の社宅の隣地が取り壊され平地になった。チャンス到来である。「隣地は多少高くても買え」と聞いていたので、そこを上野ビルディングが購入して敷地百坪に1K×十四戸のアパート兼社宅を建てた。約二億円掛かった。

バブルの最中、銀行の支店長だけでなく皆が浮かれていた。地価は下がることなく値上がりし続けるという土地神話が世の中にまかり通っていた。バブルが崩壊するなど誰も思っていなかった。

ついに借金が九億円になったが、心配はしていなかった。「利息だけ支払ってくれれば問題はない」と銀行の支店長も言っていたし、私自身、好景気に酔いしれていた。

お粗末なソフトをリース契約し訴訟問題にまで発展。

私は一度目標を決めると猪突猛進するタイプなので、教育ビデオの販売に特に力を入れた。バブル期とあって上場企業を中心に各企業の経営は好調で、教育ビデオは社員教育のツールとして数多くの会社に採用された。特に、大学時代の友人のコネを使って日興証券の七十周年記念ビデオをはじめ、第一勧業銀行やコカ・コーラのマニュアルのビデオ制作など受注に成功した。

その一方で、ニッポン放送のCMを制作販売する代理店の権利を得て、各クライアントから一日数本のコマーシャルを獲得することができた。実績を挙げたため、ニッポン放送から東京地区の各広告代理店が一堂に集まる旅行セミナーに招かれたうえ、四十三歳でその団長に推薦され、同局では顔を知られることになった。当時、親しくしていた営業担当課長が後にニッポン放送の社長になったのには驚いたが……。

英会話事業は、私がオーストラリアにホームステイした後、赤坂にある英会話会社の社長と親しくなり、フランチャイズ契約で始めたものである。後に判明したのだが、赤字の不良会社と契約したためか千八百万円もする高いコンピューターをリースで導入させられ、しかもソフトがお粗末で使い物にならなかった。騙されたと気づいた時には遅かりし。リース契約はレンタルと違い、契約違反が明らかにならない限り解除しても残金は払わなくてはならない制度であるため、完済するまで毎月、自動振替せざるを得なかった。この不条理な契約には腹が立ち、契約した社長に何度もリース料の返還を求めたものの埒が明かなかった。リース会社の担当者も正当な契約を盾に譲らなかった。

私は思案の挙句、毎月支払うリース料をストップさせた。早速、弁護士事務所から書留で督促状が届いた。予想通りであった。しかし怯むことはなかった。何回催促してもエンジニアは来ないし、契約書の通りのソフトがなく動かないので、契約違反は明白であった。しかしリース会社は「契約書に押印したので支払いは当然」と主張し、簡易裁判所に訴えてきたのである。

ここで、また予期せぬ幸運に出会った。何と人材募集で取引のあるR社から「コンピューターを貴社に販売した英会話会社は、リース会社と以前から不良債権のトラブルを起こしている」との情報が入ったのである。つまりこのリース会社は、英会話会社が不良会社と知りながら使い物にならないコンピューターのリース契約を当社と結んだのである。

このことは民法の共同不法行為に当たる可能性があると知った私は攻勢に出て粘り強く交渉を望んだ。裁判官には手紙と弁舌で不法行為の被害者であることを強く主張し訴えた。しかも、乱暴にも弁護士を雇わず私一人で交渉を続けた。

結局、和解することになった。リース会社の担当課長は共同不法行為が表に出ると社内でまずいことになると考えたらしく、交渉の結果、当社が五百万円を支払うことで決着した。

その後、驚いたことにコンピューターを売った英会話会社から年末に一千万円が振り込まれてきた。実は、この会社にも何度も訪問して粘り強く一千万円を返すように交渉していたのである。したがって金銭的には損害はなかった。

二年掛かったが、この事件は得るものが多かった。社長と個人的に親しいと思ってもビジネスをする時は私心を捨てて慎重に判断し是非を決めること。そしてリース契約とレンタルの違いを理解し、安易に契約をしないこと。こちらが客観的に正しいと判断した事件には、情報を整理して諦めず果敢に粘り強く交渉すること。これらの気づきは私に反省する機会を与えてくれて、その後の危機管理に大いに役立てることができたのである。

本業が不振に陥ったため、教育事業を譲渡して社長に復帰。

さて、私が進めた教育事業部は順調に売上げを伸ばし軌道に乗りつつあった。しかし、大本の上野食品は大手メーカーの参入で市場を奪われつつあり一九八九年を境にカップみそ汁の売上げが下がってきた。

その頃、私は上野ビルディングが新たに購入した百坪の土地に五階建てのビルを建てる仕事もあり忙しく、食品事業の経営が思わしくないことは薄々知っていたが、関わる暇がなく社長代理に任せっぱなしであった。

その後も本業の売上げは月を追うごとに下がり始め、このままでは大変なことになるとやっと気づいた私は、教育事業部の柱であった英会話教室の事業部門を友人の会社に譲渡。他の部門は縮小して撤退を決め、社長交代の機会を窺っていた。

一九九一年八月、五階建てのビルが完成して社員たちがそこへ引っ越しをすることとなった。この引っ越しの機を逃さず、私は三年振りに社長に復帰した。

驚いたことに、社員の顔ぶれが以前とは違い、新しい社員が入っていた。早速、全社員を集めてミーティングを始めた。今までの代行社長と違い、強烈な経営方針とオーナーの個性に戸惑った新しい社員たちは「これからは大変だ」と思ったのか、しばらくして何人か辞めていった。社内の雰囲気は以前と違って緩んでいた。

Episode
6
海賊

気まぐれな海にいると、
時に思わぬ敵が出現する。
心の拠り所にしていた者が、
風向きを見て海賊に
豹変することさえある。
ただし、それを敵にするか
味方に引き入れるかは
自分の考え方や振る舞い次第
とも言える。

波に乗っていたバブル期は終焉を迎える。
最大の支援者と信じていた銀行が、
またたくまに態度を変え、貸剝がしの鬼となった。
その余波は、さらに上野家にまで及んだ。
会社も家庭も崩壊しかねない危機。
ただし、本当の敵は自分の中にいるのかもしれない。

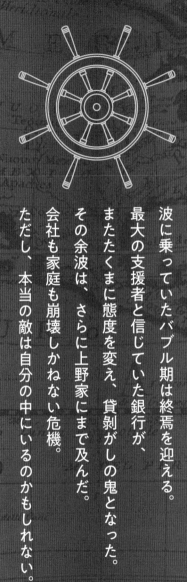

社長に復帰するも困難を極めた食品事業の立て直し。

ここで、本業から離れて教育事業部を立ち上げたことに対する総括をしなければならない。上野食品がカップみそ汁で大儲けをして利益が出ているうちに、食品以外の事業の柱を立てようとする計画自体は悪くないと考えていた。しかし、結果は大きな失敗であった。問題は人材と組織が脆弱にも拘わらず、私の独断専行で行ったこと。そして、業績が落ち始めても意に介さず代行社長に本業を任せきりにしてしまったこと。組織が固まっていない中でサラリーマンにオーナー社長の代行をさせるのはかなり難しいという自覚がなかったこと。三年間の空白の間、上野食品は本業を守るだけで次の手を打たずにいた状態に対し、私自身の危機感が希薄であったこと。それらについて、私自身は猛省しなければならなかった。まさに「驕れる者は久しからず」の諺の通り、オーナー社長にありがちな慢心によるワンマン経営そのものであると今になって自戒している。

私が社長に復帰した当時、社内は前に私が雇った社員と代行社長が雇った新しい社員との間にコミュニケーションのギャップがあった。無理もない。私の経営方針を理解せずに入社してきた社員たちは、当時バブルの真っ最中で土地も株も上昇して天井知らずで、景気が良いために浮足立っていた。大企業も人手不足で、ましてや中小企業には募集しても人材は集まらず、上野食品もやむを得ず雇える人材は質にこだわらず採用していたのである。

毎朝、朝礼を行っていたが、以前は遅刻する人はほとんどいなかった。ところが、度々遅刻する者が現れた。また、終業時間になると仕事の途中で退社する者も出てきた。明らかにモラルが下がっていた。代行社長と同期入社の取締部長との間にも確執があり、代行社長が部長に遠慮をして指導力を発揮できずにいて、社員の中には足元を見て自分勝手に仕事をしている者もいたのである。

私はオーナー企業である以上、私の経営理念を理解して私に従ってくれる人で会社を経営したいと考えていた。そこで、話し合いにより、合わない社員には出て行ってもらうことにした。三人ばかり辞めて行ったが、有難いことに私自身が採用した社員は一人を除いて残ってくれた。

実は、代行社長は、辞めた男子社員の一人にコンピューターによる納品書作成の操作をすべて任せていたので、彼が出社しないと仕事が進まない。彼に弱みを握られていたのである。なぜ他の社員に任せないのかと代行社長に尋ねたら「女子社員に断られた」とのこと。人が良い代行社長なので足元を見られて強く言えなかったらしい。

早速二人の女子社員に事情を説明して、コンピューターの操作をしてもらうことにした。意外と素直に応じてくれた。時々遅刻をしていたコンピューター担当の社員はすぐ辞めて行った。

一年後には、私が指揮を執っていた以前の体制に戻った。ワンマン体制と言っても月次試算表を開示して私自身も公私混同を慎み、先頭に立って仕事を遂行する姿を見せていたので職場に活気が出てきた。

しかし、カップみそ汁の売上げが下がるのにつれて、業績は徐々に下がっていった。当社の大手得意先が、テレビ宣伝している大手メーカーに次々と売上げを侵食されていったのである。早く新製品を出して巻き返しに走らねばならないと考えて、数種類の新商品を発売したがヒットしなかった。

一九九二年の後半あたりから加熱した日本経済にブレーキをかけるために金融

引締めが行われ、いわゆるバブル崩壊が始まった。銀行の貸剝がしにより、あらゆる産業がダメージを受け、破綻する企業が続出した。当然、食品市場の消費が冷え込み、当社の売上げにも悪影響が出てきた。まずい、このままでは。何とかしなくては大変なことになる。

付き合いの深い銀行が「貸剝がしの鬼」に豹変。

実は、上野ビルディングは、上野食品の無借金で好調な業績を良いことに、テナント、ビル、アパートからの家賃を当てにして、千鳥町の五階建てのビルだけでなく等々力にも二億円かけて敷地百坪のアパート兼社宅を建設し、銀行から九億円を借入れ、内部資金も合わせて総額十億円を投資していた。利息を足すと総額十一億円にもなる。

当時はバブルの真っ最中なので、銀行はいくらでも貸してくれた。社長就任から二十五年経って初めての大きな投資である。投資額が大きいだけに迷っていたが、支店長に「利息さえ支払っていれば返済は二十年先で良いから」と言われて決断した。

金融緩和で金余りになり、銀行の資金は土地、建物、株、財テクなどに投資されて天井知らずの値上がりが続いた。誰もがこの景気は続くと思っていた。当時は経済学者でさえその後のバブル崩壊を予見していなかった。

上野ビルディング（株）が大田区千鳥町に所有するビル（写真は2012年1月。1・2階を（株）G7ジャパンフードサービスに賃貸）

私としては、銀行の応援もあって当然、戸越ビルのテナント、千鳥町のビルと等々力のアパートの家賃で上野ビルディングの借入金を返済できると考えていた。一階、二階、屋上を上野食品に賃貸していたので、毎月二百万円近い家賃が上野ビルディングに入って来た。上野食品が一番の大口得意先というわけである。

上野食品は新しく綺麗なビルに引っ越したのは良かったものの、その分、上野ビルディングに高額の家賃を払わなければならなかった。また、上野ビルディングも上野食品の大口の家賃を当てにして銀行に利息を支払っていた。両社は相関関係になっていたのである。

そのような情勢の中で、上野食品の業績は歯止めが掛からず下がり続けていった。ラジオ宣伝を中止し、経費の削減を徹底的に行って何とか急場を凌いだ。その他いろいろ手を尽くしたが、なかなか業績は向上しない。遂に上野食品は資金繰りに困り、上野ビルディングに支払う家賃をストップせざるを得なくなった。

そして、上野食品は創業以来、初めての赤字となった。それまでの三十年間、銀行に赤字決算書を出したことはなかった。赤字決算でも今までの実績から銀行は大目に見てくれるだろうと考えていた。後になって思い知ったが、この甘えは大きな間違いであった。

上野食品から家賃が入らなくなったので、上野ビルディングの資金繰りがおかしくなってきた。毎日毎日、当座預金が不足し、銀行に催促されて慌てて銀行に行っては入金を繰り返していた。それも、残り少ない私の預金を下ろして会社に貸す形で立て替えていたのだ。しかし、自分の金はビルを建てる時に上野ビルディングに貸しているので限界に近づいていた。

バブル崩壊後、銀行の営業方針は豹変していった。銀行に警戒されて毎月の利息と返済額を大幅に引き上げられ、ついに貸剝がしが始まった。資金繰り担当の家内は、毎日銀行から当座不足の電話連絡が入りノイローゼ気味になった。

上野食品は赤字で家賃は払えず、そのために上野ビルディングは家賃の不足で資金繰りに狂いが生じ、両社共倒れの様相になりつつあった。不渡りになればすべての資産が失われる。絶対に避けようと私は資金集めに奔走した。家内は内緒で実家から金を借りてきた。私の兄弟からも借りたが、それぞれサラリーマン家庭なので強くは頼めなかった。しかしサラ金からは絶対に金は借りまいと心に決めていた。なぜなら、利息は二割から三割もするので採算は絶対取れないし、返済できなくて暴力沙汰に巻き込まれるくらいなら債権者と話をして支払いを一時猶予してもらう方が得策だと考えていたからだ。

過剰な設備投資による借入れと赤字決算のために銀行は態度を翻して冷たくなり、強引に返済するよう迫ってきた。支店長の業務命令らしく、担当の行員は私から返済の確認を取るまで会社に居座ったこともあった。倒産すれば責任を取らされ出世に響く。彼らも必死である。サラリーマンの宿命である。しかし、私は平然として弱みを見せなかった。弱みを見せればどうなるのか私にはわかっていた。金が底を尽くまで戦い、その間に次の手を打つことを考えていたのである。

決してこわいわけじゃない、銀行と上手に付き合う方法。

このバブル期の経験は、銀行と上手に付き合っていくための方法を見出すきっかけになった。

まず認識しなければならないのは、支店長も行員もサラリーマンであることだ。本部があり支店がある縦構造の組織で成果を挙げるべく仕事をするわけだが、減点主義の人事評価が存在するという現実があり、失敗すれば出世に響く。誰もがこれを恐れるのでどうしても安全運転になるのである。

支店では支店長の権限は絶対で、貸付に関しては支店長の決裁がなければ副支店長も課長も動かない。さらに最近では本部による統制が強く、その支店長の権限さえ裁量が限られている。したがって、冒険ができず守りのマネジメントになっているのである。

資金を融資する場合、金融機関は「使途の目的が的確であるか」「決算書によるＢＳ（貸借対照表）とＰＬ（損益計算書）が適正であるか」「経営者のビジョン及び経営計画は的確であるか」などをチェックして返済能力があるかどうかを見る。

借りる方はほとんど流動資金が少ない状態で融資を受けるので、借りた資金をどのように使って再生産に結び付けるのか、またどのように返済していくのか、そのあたりの返済計画を明確にし、担当者を通して支店長を上手く説得しなければならない。

実際は、資金と資産の裏付けがあるところには貸して、資金が必要なところには貸さない傾向があるため銀行から借入れをするのは大変である。ただし、銀行も保証会社を通せば借りやすく利用価値はある。日本政策金融公庫、信用金庫や保険会社は大手銀行より審査が緩いので、やはり担当者を通じて交渉すべきと考える。

現在の金融情勢は、デフレで生産過剰である。したがって企業が設備投資を控えているために金融機関は金余り状態が続いており、貸出し金利もかなり下がっている。そのような状況においては、自社の流動資金は潤沢であったとしても、借りる能力があるのなら将来を見据えて固定金利で今のうちに資金を調達するのも良いかもしれない。

最終的に注意したいことは、担当者がＯＫして商談が進んでいても支店長が確認しているかを確かめる必要がある。担当者と支店長の齟齬によって、話がひっくり返り破談となるケースもある。実際に私はこのケースで痛い目に遭っている。

ついでに株の投資の話をすると、私や中小企業の経営者の人たちの経験から、株の投資で一時は儲かってもほとんど損をしていて、競馬や競輪の賭け事と同じであると言える。

確かに、株の投資は新聞を読んだり情報を集めたりして経済の勉強にはなる。だから、「損しても自業自得なので仕方がない」と軽く思える程度にしなければならない。特に証券マンは手数料を稼ぐのが仕事だから、投資家に先行き得するといった切り口で勧誘してくるが、彼らは損をさせても責任は取らず、すべては投資家の責任になる。

バブルが崩壊した時、またリーマンショックの時に株の暴落で会社の倒産と個人破産が戦後最も多かったことが記憶に残っている人は多いと思う。有名な経済評論家でさえ株の暴落を予想できる人はいなかった。今後も株価は日本だけでなく世界の景気と国際情勢にリンクしているので、先行きの株価を予想するのはますます難しくなるのは間違いない。そのくらい株の投資は難しいのである。

そう言う私も株では大損している一人である。金儲けは仕事で成功する以外はないと思っていて間違いない。

今でも思い出すと心が痛む、家庭にまで及んだ悲しい出来事。

不運は重なり、悪い流れは家庭に波及した。十年間闘病を続けていた母の認知症が急速に進んだのだ。ついに寝たきりになり、何回も危篤になって、病院からは見放され、家族総出で介護に当たる日々が続いた。と言っても、そのほとんどは妻による自宅介護である。

会社と家庭の窮状を知ってか、二人の娘は「いま二人で住むアパートを探しているの。大学を辞めて働きに出るから、その分生活費に充てて」と言い出した。

仕事を抱えながら昼も夜もなく付きっきりで母の看病に当たってくれた妻は、娘たちの話を聞いて、いたたまれず泣き崩れた。それでもゴールは見えなかった。

そんな地獄のような毎日から抜け出せずにいたある日、あの出来事は起こった。深夜、一人で居間に腰を下ろす私の元へやって来たのは妻だった。その恐ろしい形相の目を見たとたん、私はぞっとした。資金繰りと看病に疲れ果てていたことも相まって、妻は完全に正気を失い、寝たきりの母の首をつかんで、「私はどうすればいいの！」と小さく呟いた後、「もういいの、いっそ殺して欲しいの、お母さんと一緒に死にたいの！　死にたいの！　殺して！」と喚いた。私は思わず「何をするのだ！」と叫んで、「俺が悪かった！　俺が悪かった！　死なないでくれ！」と懇願した。

あの頃の私は、先の見えない海の底を闇雲にもがくだけの、まるで溺れかけた魚のようだった。その後、母の寝たきりは六年半続き、家族に見守られながら他界した。十五年間にわたり献身的な看病をしてくれた妻と家族には今でも頭が下がる想いで、感謝しなければ罰が当たると感じている。

第4章

Gens des Terrzes
Quebec
C.Breton
I.de Sable
Gran Banco
DELLA N.FRANCIA
N.York
N.Suecia
C.de May
FLORIDA
Golfo del Mexico
Cuba Isola
Barbude
Guadalupe
Martinica
I.Barbade
I.Fonseca
Mar del Nort
G.de Panama
I.Cocos
Galopegos
POPAYAN
I.Parime
PERU
Truxillo
Lima
Val Verde
Arequipa
Arica
Hicacos
Tobisio
Atacama
R.Copiapo
R.Guasco
I.Totoral
Coquimbo
I.de Tierra
CHARCAS
La Sierra
PARAGUAY

Episode 7

追い風

背中を押す強い風を感じたら、
思い切り帆を張って加速しよう。
波に乗ってしまえば、
もう迷うことはない。
行けるところまで全力で行く。
やがて新しい世界が
見えてくるはずだ。

上野食品は、起死回生の風をつかまえた。
様々なヒントを得ることもでき、
次々とチャンスが訪れた。
そして、新たな船乗りたちも仲間入り。
楽しんで仕事をする同志たちと
航海を共にする人生なら気持ちよく加速できる。

起死回生の大逆転に向け、暗中模索の日々が続く。

会社のほうは、努力しても努力してもうまくいかなかった。経費を節減しようにも、これ以上は減らせないという限界にまで達していた。

しかし、私は社員や得意先、ましてや家族の前では明るく振る舞っていた。妻は「こんな時に夜ちゃんと寝られるなんておかしい」とよく言っていた。「こういう時は考えてもどうにもならない。今は寝る時間だ。寝ることに集中しよう」と私は答えた。

根っからの楽天家が幸いしたのか、明るいムードだけは保ったものだから社員は誰も辞めなかった。赤字になっても給料は減らさず、遅延もせずに支払ったし、ボーナスもさすがに金額こそ減らしたもののきちんと支給した。その代わり上野ビルディングに支払う家賃二百万円は棚上げしてもらった。赤字のうえに社員が辞めたらどうなるか。内部から崩壊していったら、今までやってきたことのすべてを失う事態になる。後には引けなかった。

暗中模索の中、私は一つの信念を持っていた。それは「大手メーカーに真似されない市場の潜在ニーズにフィットした商品を開発することが会社を救う」と確信していたのだ。

私が業界で初めて開発したカップみそ汁は市場の潜在ニーズにフィットし、当社のベストセラー商品になった。しかし大手メーカーに真似されて市場を奪われてしまったのである。二度と同じ間違いを犯してはならない。この経験値は私のその後のマーケティング戦略を進めるうえで大きな原動力になった。商品、市場、販売ルート、宣伝、そのすべてを大手メーカーと差別化することの大切さを体で学んだのである。

元来、好奇心が強くショッピングが好きな私は、食品に限らず雑貨にも興味があり、作り手の工夫に関心を持っていた。いち早くＰＢ商品やカップみそ汁を開発したのもその延長線上にあったかもしれない。「いずれにせよ、大手が真似できないヒット商品を開発できれば会社を発展させることができる」「これしかない」「何とかしなくては」。葛藤の日々が続いた。

大逆転のトリガーとなる
釜めしセットの開発・販売。

そんなある日、得意先である日興商事を訪問した際、同社の千代倉常務に話し掛けられた。千代倉氏は日興証券の教育部長時代に、私が教育事業部でビデオを制作していた当時の大口の得意先で、大変お世話になった方である。

「上野さん、三越の通信販売で売り始めた面白い商品があるんだ。値段は少し高いのだが」

「何ですか？」

「固形燃料を使って二十分で炊ける釜めしセットだけど、十食で一万円もするのだよ」

私は「なるほど、鉄のかまどにアルミの釜だから高くなりますよね。それにしても一万円は高いですね」と答えた。

その一九九五年当時、通信販売はカタログの制作費、印刷代、郵送代が掛かるので単価の低い食品は採算が取れず敬遠されていたため食品の通信販売はほとんどなく、家具、雑貨といった商品がほとんどであった。

千代倉さんとの商談が終わった帰り道、私は思案していた。確かに二十分でアウトドアでも食べられる釜めしは面白い。災害時にも便利だ。安く出来たら売れるに違いないと思った。会社に戻り、何とか安く作る方法を具体的に検討し始めた。

「そうか、かまどと釜が金属だから高いのだ。それではどちらも陶器にしたらどうだろう？」。名案が浮かんだ私は、早速「横川　峠の釜めし」に陶器を納めている益子焼の窯元を訪問し、陶器の釜に早炊き米を入れて固形燃料で炊いて実験してみた。残念！　炊いている途中で釜にひびが入り上手く炊けないのである。

固形燃料は火力が高いために益子焼には不向きであることがわかった。どこか火力が高くても割れない釜を作っているところはないか。調べているうちに多治見焼の窯元を見つけた。高温で焼いている多治見焼は固形燃料の温度に耐えて美味しいご飯が炊けたのだ。

釜もかまども多治見焼で決めた。しかも驚くほど安く仕入れることができた。第一関門をクリアし、次は早炊き米の調達をどうするかであった。

早炊き米は普通の米と違い、半分炊いた後に殺菌して乾燥させる製品で市場には出回っていない。だが、私の熱意が伝わったのか、三越と同じ製品を作っている会社から仕入れることができた。具はレトルトにして、五目、鮭、ホタテ、カニ、エビ、マツタケなど十種類を揃え、釜が割れないように段ボールを工夫したりして、自社工場で二ヶ月後には「陶器釜めし十食セット」を完成させた。

それを何と小売価格五千円で売出すことにした。三越が一万円だから半額である。陶器の釜とかまどが安かったため陶器釜めしセットの製造コストは低く、通販業者に卸しても採算が取れた。

前述の通り、通信販売会社は足の速い商品である食品を扱う機会を窺っていたが、印刷代、配送費が掛かるのに加えて問屋からの商品仕入率が高く採算が取れずにいた。三越以下、ほとんどの通販会社は食品の流通については慣例で問屋から仕入れ、メーカーとの直接取引はほとんどなかった。当然メーカーから直接仕入れができれば通販会社は安く買えるが、メーカー→卸問屋→小売業者という物流の商慣習がシステムとして出来上がり長年守り続けられていた。

それまで食品はスーパーなど店頭販売が主流だったが、物流や情報が発達するにつれて消費者のニーズの多様化に対応しようと各社競ってカタログ販売に進出してきた。これら流通のトレンドである通販業界にとって「陶器釜めしメーカーである上野食品が問屋を通さずに、小売業者である通販会社と直接取引をする」というこのやり方は、仕入価格が安くなるのを望んでいる大手のデパートと大手通販会社にとって願ってもないことであった。それゆえに簡単に取れない新規口座を次々と獲得することができたのである。

価格も情報もメーカーと直接取引したほうが通販会社にとっては有利であり、それを可能にしたのが宅配システムとパソコンの普及であった。通信販売業界はさらに消費者に近づくことが可能になったのである。その流れにどこよりも早く上野食品は乗ることができたと言って良いだろう。

その後、紙媒体のカタログの通信販売はますます発展し、一九九五年頃から十五年間、パソコンによるネット販売が本格的に普及するまで全盛時代が続いた。

振り返ってみれば、不思議な縁によって人に出会い、活路が拓けたお陰で、その後の事業があったと言える。カップみそ汁の開発を思いついたのはわらべや日洋の大友社長に出会ったからであり、陶器釜めしの開発のきっかけを作ってくれたのは千代倉さんで、大手スーパーに売込むために国分の新規口座を開いてくれたのは掛札さんである。三人にお会いしていなければ上野食品がどうなっていたか想像もつかない。大友社長は亡くなってしまって誠に残念だが、掛札さんと同様、千代倉さんとのご縁も大切にし、四十年以上経った現在も感謝を込めてお付き合いしている。

会社の窮状を想い昇給を拒んだ女子社員たちの真心に応えて。

最初に売込みに行った通販会社は日航商事で、現在のＪＡＬＵＸである。担当者に釜めしセットを見せたら「通販向きで面白い。しかし釜が一個なので一人しか食べられないな。二個なら二人一緒に食べられるから売れると思うよ」と進言していただいた。

早速、社に戻り数日後に陶器釜二個付十食セット（七千円）と、ついでにお代わり用の具材十食セット（六千円）を作って持参した。初めての取引だったたし、通信販売がどのくらい売れるのか想像はつきにくかった。

ところが、である。まさに想像を絶するヒット商品となったのである。

「社長、注文が殺到しています！」

「本当か？」

「日毎に注文が増えています」

社員の報告通り、何と一商品で百万円を超えた。「これだ！ 想像以上のヒットだ！これからは通信販売の時代が来る！」と私は確信した。

バブル崩壊で上野ビルディングは過剰投資による借入金の返済に苦しみ、上野食品は売上げが低迷しカップみそ汁に次ぐヒット商品が開発できず、いよいよ共倒れの危機が迫っていた。一番怖かったのは先が見えない会社を見限って社員が去っていくことであった。

釜めしセットを売出す半年前、年を何とか越し、四月の昇給時期が近づいた。業績を見れば昇給どころではなかった。それでも一人当たり一律三千円を昇給した。昇給後、いつものように自分の机で仕事をしていたら、突然三人の女子事務員が神妙な顔で私の部屋に入って来た。

「社長！ 会社が大変な時に昇給分は受け取れません。少ないですが会社で使ってください」。私は絶句した。「そうか、有難い。業績が良くなるまで預かって必ず利息を付けて返すから、それまで待ってくれ」と私は彼女たちに約束した。

驚いたことに、社員も月次決算を見て会社の窮状を共有し心配していたのである。出来過ぎた話だが、その半年後の十月には釜めしセットの売上げが大ブレークし、十一月には四月まで遡り千円の利息を付け四千円にして彼女たちに恩返ししたのである。この有難い出来事は、生涯忘れることはできない。

仕事に邁進し会社を支えた二人の女子社員に感謝。

日航商事の成功に自信を持った私は、片端から全国の通販会社に売込みを行った。そして、三越、髙島屋、東急、阪急などのデパート、テレビショッピング、生協、大手通販会社などと軒並み取引することができた。

最初は釜めしセットで突破口を開いたが、地方の名産品をセットするなど通信販売向きの商品を開発してアイテムを増やしていった。

テレビやラジオショッピングにも力を入れた。当時、通信販売の市場規模は小さく、黎明期であった。市場に出回っていない、つまりスーパーなどでは売っていないオリジナル商品を消費者に届けることを通販会社はコンセプトにしていた。釜めしはそれにマッチした商材だった。手作りでセットするので大手メーカーが手を出せないニッチ市場で、まさに中小企業が得意とする分野であった。

何しろ上野食品は、他社より圧倒的に早く通販市場に進出したので売上げは倍増。忙しくて人手不足になった。私は通信販売の仕事は商品と情報を一緒に売るので女性に向いていると思い、女子大生を採用した。その中に優秀な女子社員との出会いがあった。彼女は片道一時間半の通勤を三年間一日も休まず通販専門のセールスとして活躍した。私が担当していたデパートや大手の通信販売会社を引き継いで売上げを伸ばしてくれた。

残念ながら入社三年で退社してイギリスに留学し、その後シンガポールに住んで現地の人と結婚した。結婚式には主賓として私たち夫婦を招待してくれた。彼女も私が感謝する一人である。

彼女が辞める少し前に、引き継ぎのため、ある女子事務員に声を掛けた。その社員は明るくて活発で仕事もきちんと行っていた。実は、彼女はシングルマザー。

小学生の子どもが二人いて生活は大変だったと思う。「通信販売のセールスはいろいろな人に会えて勉強になるし面白い仕事だよ。それに成績次第で年収も上がるから、どうかな?」と勧めてみたら、「やってみます。初めてなので教えてください」と、意外と早く返事が来た。わずか一ヶ月での引き継ぎであった。

ところが、この彼女、前の担当者の上をいく猛烈社員に変身するのである。私は自分の仕事を終えてから、各責任者が提出する日報に目を通すことを日課にしていた。ゴルフの接待後も会社に来ては目を通してアドバイス事項を記述していた。いつも私の記述の方が多く、そのため時間が掛かり、退社は夜十時を過ぎるのが日常であった。会社を引退するまで三十年以上続いた。この経験が後の大学院での修士論文の記述にかなり役立ったと思われる。

得意先を担当する彼女は責任感が強く、仕事も適していたのか、私と同じくらい毎日夜遅くまで仕事をし、なかなか帰らない。「早く帰らないと、私の評判が悪くなるから」と言うと、「親と同居しているから平日は親が子どもを見てくれていています」と、むしろ彼女の仕事を応援しているとのことだった。

引き継いでから半年も経たないうちに彼女の成績はぐんぐん伸び、一年後にはセールスの中でダントツの一位になった。一年後に彼女を主任に昇格させ、三年後には課長に任命。もちろん年収も大幅に引き上げ、その成果に報いた。

確か四十歳を過ぎた頃、「息子も大きくなったので親から独立してマンションを購入したい」という相談を受けた。一生懸命仕事をして成果を挙げ、金を貯めた結果、子どもを抱えたシングルマザーがマンションを買ったのである。社長としてこんな嬉しいことはない。

積極的な女子社員の登用が会社の業績向上に貢献。

考えてみれば、私は女子社員には大変恵まれた。一九八〇年代、日本の会社は女性の事務職が多く、出世も男性優位であった。大学に行く女性が多くなり、女子大生は就職難になっていた。男子の優秀な人材は大会社に採られてしまい、中小企業は雇うことが難しい。この社会の構図は現在も変わってはいないのではないだろうか。

私は男性が採れないのなら女性を積極的に採用しようと考えた。R社の協力を得て説明会を開くなどして採用活動を行った。失敗も多かったが、女性の活用に私自身が目覚めたことで、上野食品は女性の活躍が業績向上に大きく貢献したことは間違いない。

ただし、女性だからと言って男性と区別はしなかった。言うべきことはしっかり話した。また、仕事ができるからといって贔屓はしなかった。特に女性には仕事ができようができまいが常に等距離で接した。だから夜遅くまで女性と一緒に仕事をしていても変な噂は起こらなかった。

昇給の返納を申し出た経理主任のKさん。シンガポールで結婚した女子大新卒の営業担当のMさん。シングルマザーで営業課長のWさん。男性は別にして、特に彼女たちには大いに助けてもらったと感謝している。女子社員の何人かは定年まで勤めて退職し

モチベーションアップを図る社員表彰も、上野食品の恒例行事に（写真は2006年3月の社員表彰式）。

ているのも有難いことである。

社員が辞めずに長く勤めている理由として、考えられることがある。それは、毎月一回、全社員で会社の近所を掃除していて、地域の人たちに喜ばれていること。月次決算書を社員に公開し検討会を開いていること。業績が良かったので十一年連続で海外社員旅行を行ったことなど。

それらにより社内に連帯感が生じていたと思われる。海外旅行は、土日を挟んで四日間の旅であったが、ラスベガス、ハワイ、グアム、オーストラリア、香港、タイ、ベトナム、中国、韓国などAクラスの豪華な旅行を行った。勤めているとなかなか海外旅行に行けないので熱烈に歓迎された。私は常に「会社は、働く人のやりがいと生活の安定のためのもの。金儲けは手段であって目的ではない」と考えて経営をしてきた

毎年恒例の社員海外旅行にて（写真は2006年3月。グアムの船上）。

つもりである。

攻めの手を休めずに、次なる商品を世の中に提案。

二〇〇八年にリーマンショックが発生するも業績に影響を受けることはなく、好調な業績は二〇一五年にM&Aにより私が会社を引退するまで続いた。

もちろん、釜めしセットを開発して通販会社に拡販しただけでは二十年間も好調を維持することはできなかったはずである。

バブル崩壊後に上野食品は赤字に陥り、また上野ビルディングはバブルの最中に十億円も投資をして千鳥町に五階建てのビルを建設し、併せて等々力には社宅を建て、その過剰投資のため返済に苦しんだ。あの地獄のような苦しみを味わった体験が、私を少し利口にしたと考えている。通信販売に成功したからといって安心してはいけない。常に消費者の潜在ニーズを考えて商品開発を行い、さらに商品にマッチしたルートを開発してヒットさせねばならないのである。先手必勝、攻撃は最大の防御であることを、身をもって知った。失敗から学ぶとはこういうことなのかもしれない。

通信販売向けの商品アイテムが増えるにつれて、売上げは順調に推移していった。しかし、私はここで攻めの手を休めずに繰り出した。そして、釜めしセットに代わる有力な商品がヒットし、もう一つの柱になって売上げを支えた。それは「日本の総菜シリーズ」で、筑前煮、サバの味噌煮、肉じゃが、浅利の生姜煮、マグロ大根など二十四種類をレトルトパックにして売出したのである。中身を皿に移してレンジで二分温めればすぐに食べられるという今は当たり前の商材だが、一九九六年当時、電子レンジはさほど普及していなかった。

やがて食品展示会のブースは自社ブランド商品がメインに（写真は2004年4月、釜めしを大々的にPR）。

女性が働くようになってから、食品のレトルトパックは長期保存ができ、電子レンジで温めて、すぐに食べられる便利な食品として急速に普及した。上野食品が開発したレトルト食品は種類が多く、しかも他社にはまだない和食オリジナル商品なので、釜めしセット同様に通販市場で毎年売上げを順調に伸ばしていった。

さらに、固形燃料の釜めしセットの売上げが頭打ちになった頃、ついに固形燃料の釜めしセットを凌ぐ新製品の開発に成功した。それは電子レンジで十一分温めれば食べられる「陶器釜めし一食セット」である。これは陶器釜の中に早炊き米と具材を詰め込んで蓋をして全体を包装する商品。従来は陶器のかまどの上に陶器釜を載せて固形燃料を使い、十七分間経ってようやく炊き上がって食べることができるものだったが、今度は固形燃料の代わりに電子レンジを使用するのでより手軽に作れるようになった。

当初は電子レンジではご飯がうまく炊けないので製造が難しかった。実験を繰り返してやっと完成させた、どこにもない日本初の商品である。

最初に開発した種類は、五目、とり、鮭、あさり、マツタケの五種類。大ヒットすると見込んでいたが、思ったほど売れなかった。調べたら、大手メーカーの釜めしレトルトパックが箱入り（ただし早炊き米はなし）でスーパーに売られており、当社の商品に比べてかなり安かった。陶器釜にレトルト具材と早炊き米をセットする当社商品は原価が当然高くなる。しかも大抵の家庭では炊飯器でご飯を炊いているから、釜も早炊き米もいらないというわけだ。

大手スーパーは、最初は「珍しい」と言って何百ケースも買ってはくれたが、長くは続かなかった。何回も買うと釜が邪魔になって捨てるのに苦労するらしい。それではリピート客が増えないのも当然である。

ご当地釜めしのヒットで一食セットもベストセラーに。

「陶器釜めし一食セット」の販売に苦労していたら、得意先から思わぬ大量の注文が入ってきた。ただし条件付きで「五種類を地方の名産品にするから産地名のシールを入れて欲しい」との要望であった。

受注が大量だったので産地名のシールを貼って出荷した。すぐに大量の注文が入ってきた。

「大元の商品は売れないのに、この得意先は何でこんなに売れるのだろうか？」

私は疑問に思った。答えはすぐにわかった。なるほど、地方の名産品である「ご当地釜めし」として売っているからだ。これはいける！早速、当社オリジナルの「ご当地釜めし」を作ることにした。そして、北海道から九州まで「全国名産釜めしセット」として売出したのである。

恥ずかしながら、大きなヒントを得意先からもらったことになる。私はそれまで散々商品開発だけでなく営業も経験してきたが、地方の名産品である「ご当地釜めし」にするというアイディアに気づかなかったのである。

この「ご当地釜めし」出現のお陰で初期に売れなかった「陶器釜めし一食セット」が各地方の具材を使った名産品として販売され、カップみそ汁に次ぐベストセラー商品になった。宣伝に使うポスターのタイトルは「全国釜めし祭り」で、日本地図に北海道「鮭釜めし」、青森「ホタテ釜めし」、秋田「とり釜めし」、東京「あさり釜めし」、福井「かに釜めし」、静岡「えび釜めし」、広島「かき釜めし」など全十二種類が描かれて、各地で開催されるイベントの売場で使用された。「陶器釜めし一食セット」は、主に地方の土産店や高速道路サービスエリアの売店、道の駅などで売られた。また、地元の卸問屋などの販売業者からＰＢの依頼も多く、一時は製造が間に合わないくらい売れたのである。そして現在まで十五年以上続いているロングセラー商品となった。特に高速道路の売店の買物客は車で来るため、陶器釜めし一食セットは多少重くても気にしないで買ってくれるので大の得意先である。

前に述べたように、いかに優れていてもその商品の特性にマッチしたマーケティングを展開しなければ消費者は動かない。そのことを「陶器釜めし一食セット」は証明してくれた。商品の特性にマッチした販売ルート、販売先を選択して売るやり方は、多様化、個性化する市場にはトレンドとして欠かせない戦略になるに違いない。

メーカーに転身した上野食品が勝ち組になれた理由。

上野食品が味噌醤油問屋から食品メーカーになり、石油パニック、バブル経済の崩壊、リーマンショックから脱して三十年以上好業績が続いた要因を総括すると次のようになると思われる。

当時、味噌醤油問屋に限らず食品問屋は同じ食品メーカーのブランド商品を扱っていたので価格競争にさらされて利益が取りにくい立場に置かれていた。しかも物流の量が多く、配送ネットが揃っている大手食品問屋には太刀打ちできず、一九九〇年代には八十パーセントの中小の食品問屋が合併もしくは倒産して淘汰されていった。もし上野食品が問屋業に固執していたならば存続はできなかったと思われる。

そのような中で上野食品が行った改革とは何か？

第一は、市場の潜在需要にマッチした商品「カップみそ汁」「陶器釜めしセット」「和風総菜レトルトパック」ほかを開発し、それを自社工場で製造したこと。消費者のニーズに対応した個性的な商品は他社との競合が少ないため、価格決定権はメーカーの上野食品にあるので利益が確保できたのである。

第二は、商品の特性に適合したルートに販売したこと。大衆マーケットでなく品質や無添加を重視する自然食品店やテイクアウト店、土産店、ギフトショップ、テレビショッピングなど中小マーケットでの販売に力を入れ、大手と競合するルートは避けた。

第三は、大量生産ができない手作り的な商品の開発に注力したこと。機械化による大量生産ができない商品は、大手メーカーは売上げ規模の拡大が期待できないので市場に参入はしない。しかし、市場規模は小さくてもそこに集中すれば馬鹿にできない売上げになるのである。

第四は、変遷する食品市場に対応したイノベーションに成功したこと。商品開発と販売戦略、戦術は、すべて他社と差別化してマーケティングを展開し独占的地位を占めることが肝要である。つまり商品、販売ルート、販売方法、販売地域、宣伝などが他社と競合しないことが差別化戦略である。

第五は、スーパーなどの大衆マーケットを避けて、大手の通販会社、デパートの通販に、テレビショッピング、生協、高速道路サービスエリアの売店などニッチ市場に絞って企画提案し、集中攻撃を行ったこと。ハードよりもソフトウエアの仕事が多いので女性のセールスを活用して大きな戦力になった。

第六は、月次決算書の説明会を全社員と行い、経営状況を共有していたので、社員が会社に対して公平感を持ち納得して仕事を進めることができた。また、信頼できる会計事務所と連携してアドバイス受けながら計数管理を行ったことはメリットが大きかった。

現在、あらゆる商品が店頭に陳列されている中で商品開発に成功することは至難の業と言って良い。特に食品はまず美味しいことが大前提で、その他にも品質、機能、デザインが優れており他社商品と差別化できるかどうかがポイントとなる。ルートは開発した商品の特性に合っていなければならない。地域はフォローできるところに重点的に拡売して分散させず、他社の弱い地域から攻めて地域ナンバー1を狙うこと。これらに挑戦して乗り越えることができれば売上げは増大し、会社は生き残れると言っても過言ではない。

上野食品のマーケティング戦略を見ると、弱者が強者に打ち勝つ、まさに他社との差別化戦略であった。

釜めしはご当地の十二種類を手で詰めるので大量生産ができないし、和風総菜レトルトパックは二十四種類で生産のロスが出て大手メーカーには不向きである。

電子レンジ用釜めし一食セットのルートはスーパー、コンビニなどの大衆マーケットでなく、テイクアウト店、土産店、ギフトショップなどで、催事では「全国釜めし祭り」が頻繁に行われそこにも大量に出荷されている。固形燃料の陶器釜めしセットと和風総菜レトルトパックは通販ルートで売れたが、電子レンジ用の「陶器釜めし一食セット」は先に述べた別のルートで売れており、商品の特性により販売ルートを変えて集中攻撃することが効率良い販売方法になることを証明している。また一度ルートが出来上がると、そのルートに合った新製品を開発すればシナジー効果により売上げが増加し、得意先と太いパイプで結ばれるメリットもある。実際、上野食品では「フリーズドライ玉子スープ」「フリーズドライのみそ汁具材」「アンデスの天然塩」「和風スープ」などを多数開発して売上げをのし上げ業績に大きく貢献したのである。

追い詰められた時こそ恵まれた道が開かれる。

電子レンジ用の「陶器釜めし一食セット」が大ヒットして上野食品は安定してビルの家賃を上野ビルディングに順調に支払うことができるようになったが、上野ビルディングの借金は莫大で、一九九二年のビルの建設から十年経っても七億円の借入残があった。

私自身はバブル期の悲惨な経験がトラウマになっていたので気が抜けなかった。何しろ上野ビルディングは上野食品にビルの五階のうち一階、二階、屋上を貸しており、そこは家賃の四割を占めていた。もし再び上野食品の業績が不振になり家賃が払えなくなったら、上野ビルディングは銀行に返済できなくなるのである。天国行きか地獄行きかは、上野食品の業績次第というわけだ。私にはどんなことがあってもそれを避けなければならない使命がある。

しかし、この追い詰められた境遇こそが大事で、転機をつかむチャンスとなることを知らねばならない。人は追い詰められた時に、悲観せず、諦めず、知恵を絞って全力で立ち向かっていけば、人との出会いや偶然のチャンスに恵まれ道が開かれることを、私は偶然にも経験から学んだ。先人が言う「人事を尽くして天命を待つ」は、特に経営者にとって価値ある言葉だと思っている。

私の経営理念と人生観について。

ここで、私の経営理念と人生観について述べたいと思う。人は生まれと育ち、さらに環境によって価値観や考え方が異なるもので、正論を述べるのは難しい。したがってあくまで私の物の見方、考え方であり、参考程度に一読頂ければ幸いである。

まずは、経営理念について。

どのようなビジョン、ミッションを持って会社を経営していくのか、経営者の経営思想で、基本的価値観になる。経営者はこの思想で経営を具現化していくものである。

この経営理念は経営者によって示され、重役、社員の行動指針になって仕事を進めていくことになる。しかし、時代の経済環境に適合しても、利益のみを追求するような見せかけの理念であれば、それに基づいて経営を存続させることは困難である。したがって経営哲学として少なくとも株主、得意先、仕入先、社員であるステークホルダーに寄与し、社会に貢献し得る思想でなくてはならない。

経営理念に基づいて経営戦略が立案され、それが重役、管理職、社員に理解されて相互の信頼関係が強まれば、モチベーションが上がり、仕事のモラルとスキルは高まるであろう。

また、経営者はコンプライアンスを守り、公正で働きやすい労働環境を作らねばならない。特に中小企業の社員は大企業に憧れがあり、その分、劣等感を持っている人が少なからずいる。そういう社員に、会社は目標と将来の夢を持たせてやる気にさせないと、悲観して能力のある人ほど辞めていくことになる。どのようにすれば彼らに将来の夢を持たせ実現に近づけることができるのかが、会社にとって重要な課題である。極論すれば経営陣の経営理念によって企業の盛衰が決まると言って良いと思う。特にオーナー企業は経営者の影響が強いからなおさらである。

次に、私の人生観について。

経営者にとって人生観は経営理念と相通じるものがあり、人生をどうデザインするか、生き方の思想、哲学である。前述したが人は生まれと育ち、社会環境によって価値観や思想が醸成されて人生観を会得することになる。人は自分の心の持ち方（意志）により価値観や考え方を変え、深くすることができる。しかし、自分の尺度（価値観）の深さでしか相手の深さを知ることはできない。社会の役に立ち人に迷惑を掛けずに生きるには、世の中の正しい原理原則と価値観により確かな人生観を身に付けることが肝要である。そのためには、行動力、情熱、忍耐力、倫理観、知力、コミュニケーション能力などを常に自己啓発（自助努力）によって身に付けることが必要になる。

Episode 8 発見

たとえ何十年と航海を続けても、
つねに気づきがあるから面白い。
同じように見える海でも
少し方向を変えるだけで
行先は変わるのだから。
新たな大陸が見えてきた。
さあ、どうしようか。

幸運にも無事に航海を続けていたら、
やがて目的地が視野に入ってくることだろう。
残った船乗りたちのために、
そして自分の未来のために、
その後の道をそろそろ見つけなければ。
私はあることを計画し、実行することにした。

経営者人生も大詰め、後継者問題を考えるべき時期に。

私も気がついたら六十五歳になっていた。業績は相変わらず上向いていたが、同じ体制でその後も十年継続して繁栄するとは考えていなかった。

食品業界の市場は宅配による物流の変化、パソコンの普及によるネット販売の出現によって紙媒体のカタログ販売市場は異業種に侵食されつつあった。私はここでまたイノベーションを起こさなければならないことを感じていた。そして、今度こそ知力と体力をすり減らす最難関のイノベーションになるとも考えていたのである。

それまでは商品を開発して販売するために、先頭に立って動き回って軌道に乗せるまで頑張ってきた。若さと体力があったから苦には感じなかった。しかし繁栄が二十年以上続き心地良い体制になるにつれて、怠惰となって心に隙が出てきたと思う。決して公私混同はしなかったが、社員旅行は海外に行っていたし、社員の年収も増やしていたので慢心があり、次のイノベーションを先送りにしていたのである。

そして跡継ぎを考えた時、オーナーである私のカリスマ的指導力に恐れをなして、おそらく取締役であるナンバー2は次期社長になることを打診したところで辞退したであろう。サラリーマンに嫁いだ二人の娘は、中小企業の経営は苦労が多く大変であることを自覚しており、夫には後継者の道を勧めなかった。確かに大変なので私も勧める自信はなかったのである。

実は、私は七十歳になったら会社を誰かに引き継いでもらい引退後は自由になって好きなゴルフや釣りでもして人生を楽しもうと密かに考えていた。

長年かけて育て上げた会社をM&Aで譲渡する計画を遂行。

そうこうしているうちに、人生もあと二年で七十歳になるところまできてしまった。「いよいよ何とかしなくては」。私は心の中で自問していた。

会社が今まで通りの好業績をあと十年以上維持させるためにはイノベーションを成功させることが不可欠であり、喫緊の課題でもあった。しかし、七十歳で引退するつもりなのでそれを遂行する時間がない。

考えた挙句、業績の良い優良な会社に経営を引き継いでもらい、上野食品をさらに発展させてもらおうという結論に達した。優良な会社なら発展するノウハウを持っているし、その会社が世間に知られていれば社員はプライドを持って働けると考えたのである。

そして、そのためにはM&Aで会社を譲渡することが良いのではないかと思いついた。なぜなら他の会社を買収することができるのは力のある優良会社に限られるし、合併後は規模も大きくなるので将来に期待が持てる。実際、会社を譲渡したい旨を社員たちに告げたところ抵抗なく受け入れてくれた。それは将来に対する期待があったからだと思う。

私は早速交渉に着手した。銀行、証券会社、M&A専門会社に窓口があった。どこも手数料の高いのには驚いた。手数料の他に決まるまで毎月経費を支払うシステムのところもあり、それも面白くない。そこで、決定時に成功報酬として手数料を払うM社を見つけて契約した。

このやり方はメリットが大きかった。決まらなければ先方は手数料が入らず、決まるまでの経費は先方持ちになる。だから真剣に、できるだけ早く進めざるを得なかったはずだ。

実際に何社かから引き合いがあったが、簡単には決まらなかった。M&Aで会社を譲渡するというのは娘を嫁にやるのと同じで、先方との相性がとても大切だ。理想を言えば、WIN＝WINの関係が成立することも重要である。こちら側は「この会社に譲渡したら、売上げと利益が高められるのか。社員の待遇はどうか。将来どのような形で上野食品を継続していくのか」などを査察しなければならない。そして先方は、さらに慎重に厳しく調査する必要があるだろう。億単位の金を払って買収するのだから、売上げと利益に寄与する相乗的な投資効果を期待するのは当然である。そうでなければわざわざ他社を買収する意味などない。

G社の会長との出会いでM&Aは急加速。

「ぜひ買収したい」と言う会社は数社あったが、どういうわけか、急成長しているが歴史が浅く人材に難がありそうな異業種の会社ばかりだった。どうやら動機は「食品会社なら経営が安定しているから」といったことのようだ。資金があるから、経営がうまくいかなければ本社に吸収すれば良いと考えていたらしい。

やはり異業種は食品を扱った経験がないから難しいと考えていたら、(株)G—7ホールディングス(以下、G社)を紹介された。M&A活動の開始から約一年近く経った頃である。早速、G社の会長が訪ねて来た。今までの人たちと違いとても熱心であった。聞くところによると、会長はオートバックスを四十五店舗、業務スーパーを百二十店舗、その他、国内外の関連会社二十社を経営する東証一部上場企業のオーナーとのことだった。

数週間後、今度は部下を連れて会社にやって来た。相手の態度が真剣なので、こちらも正直に良いことばかりでなく問題点も話した。なぜなら契約書に齟齬や瑕疵があった場合、代表取締役社長の私が個人保証をしなければならない。だから嘘はつけないし、すべてをありのままに話して価値を評価してもらうことが早道だと思った。先方は当社の有力得意先よりも開発商品に興味を示してくれた。釜めしセット、和食総菜セットほか二十種類のオリジナル商品が会長の目にとまったと思っている。

いよいよ商談に進んだ。M&Aの仲介会社は両者が得意先なので、どちらの味方にもならなかった。しかし、当社側は有力な味方である公認会計士のN先生が顧問として実務的な交渉をしてくれた。

譲渡先となるG社の経営理念は、理解しようとしても詳細まではよくわからなかった。業種と規模、そして会長と社長の人柄に賭けることにした。

こちらの条件は、ただ一つ。今まで通りに、今の場所で会社を継続してくれることであった。そうすることによって上野ビルディングはテナントである上野食品からの家賃が確保できてとても助かるのだ。なぜなら、上野ビルディングにはまだ二億五千万円の借金が残っていたのである。

先方の取締役経理部長と当社顧問のN先生との契約交渉が始まった。まず互いに情報を表に出さないという秘密保持契約を結ぶ。そして、G社は上野食品に投資をする価値があるかどうかを調査するデューデリジェンスを行い、細部を煮詰めた後に譲渡金額を決めるのだが、当然折り合わないのが普通である。

私と役員が出資して上野食品の株を三千万円（額面一株五十円）所有しているわけだが、他社に譲渡する場合、会社の価値をいくらで評価するかで所有している株の金額が決まる。何年か、あるいは何十年か経って、ますます業績が上がれば純資産は増えて上野食品の額面・一株五十円の株は何倍か何十倍かに膨れ上がる。つまり、三千万円の株が何倍あるいは何十倍になる可能性があるというわけだ。もちろん業績が悪ければ逆もあり、三千万円が三千円、最悪の場合ゼロになる恐れもないとは言えない。

M&Aの話が持ち上がる前は、株主は私と部下の取締役部長二人と古くから勤務している事務員のK女子社員しか所有していなかったが、今まで長い間頑張ってくれた幹部社員にも報いなければ申し訳ない気がした。だが、重役は以前から株主だから問題なく受け入れたが、幹部は株主ではなかった。そこで、私は幹部四人に私の株を一人五十万円ずつ分けることにしたのであった。順調にいけば、その五十万円の株は何倍かになるのである。皆、喜んで出資した。

しかしその中で、女性のW営業課長が珍しく渋った。「親に聞いたらやめたほうが良いと言われた」と話すのである。本人も親も株の知識がなく損する話しか聞いていなかったらしい。そこで私は彼女に「会社を譲渡すれば何倍かになるので絶対損はしない。心配なら五十万円を私が立替えるので、売れたら返してくれるか」と話をした。五十万円はシングルマザーにとっては確かに大金だし、株のからくりが理解できないから仕方がないと思ったので、立替を提案したのである。翌日、彼女は「そこまで言ってくれるなら五十万円出します」と言ってくれた。後で何倍にもなったので、おそらく感謝してくれていると思っている。

実は、私の株を社員に分配したのは、まだ譲渡先が決まる前の話で、譲渡先が決まってからでは遅すぎるため思い切って敢行した。五十万円出資した幹部は、他の社員の手前、譲渡したお陰で儲かったと大声で言えないが、思わぬ金が入ったのだからかなり喜んだと思う。

話を戻すと、実は上野食品には強みがあった。それは、二十年以上、黒字を続けたため内部資金が豊富で無借金経営だったのである。それに工場の機械設備やテストキッチンなどを揃えており、自慢ではないが若者向きの綺麗な職場と自負していた。五十人の社員は永年勤続者が多く雇用状況も安定していた。

いろいろと交渉した結果、先方の会長が出した条件に同意することになった。

相手のほうが交渉上手だったということだ。金額は言えないが、私とN先生が考えていた金額よりも三割少なかった。しかも私が二年間は引き続きG社の子会社となる上野食品の社長を務め、本社から来る部長を社長に育てることが条件であった。やっと社長業から解放されると思ったらそうではなかったのだ。

私は譲渡した後も会社がどうなるのか見てみたかったし、心配もしていたので、今までと同じ報酬を条件に引き受けるつもりでいた。ところが、先方が提示してきた私の年俸も三割少ない見積であった。そこで私は引き受ける条件を出した。それは二年間の業績が目標に達したらこちらの希望よりも年俸が三割少ない分を二年後に退職金として補塡してもらうという内容である。「この条件を呑まなければ、縁はないと思って譲渡はしない」と会長に伝えた。先方が安い買収金額で賭けに出たので、こちらも少し抵抗をしたわけだ。「業績が目標に達したら」という条件が受け入れられたのか、すぐに受諾の返事がきた。

引き継ぎは大変だった。売上げ、預金などの流動資産をはじめ、十年前からの社員の履歴、社歴、仕入先、得意先、事務機械、机、椅子、内装、機械設備、商品在庫、仕掛け品、事務用品は鉛筆一本から書類に記載し、その提出を行って何とか引き継ぎ作業を完了させた。

G社の子会社となった上野食品の新たな船出。

いよいよ二〇一二年一月からG社の子会社（東京事業所）として上野食品が再出発した。G社からN氏が派遣されて来た。

私と本人の前で「将来N氏を子会社の社長にしたいが、面倒をみてくれないか？ただし能力がないと思ったら率直に私たちに話をしてもらいたい。その時は辞めさせるので」との厳しい話が会長、社長から出た。N氏に不退転の決意を促す言葉である。

早速、彼を統括部長に任命し、私は子会社の社長となった。二年間経営を任されて業績をダウンでもさせたら「ろくでもない会社を騙されて買わされた」と思われ、私は恥をかくことに

2012年4月、上野食品70周年記念パーティーにて、G-7ホールディングスの木下会長（当時・右）、金田社長（当時・左）と。

なる。それはたまったものではない。私はどんなことがあっても二年間業績をアップさせなくてはならないと覚悟を決めた。譲渡してさよならというわけにはいかなかったのである。

一方、N氏は大阪から奥さんと二人で東京に引っ越して来た。上司は私だけで二年後には社長になれるという期待もあって張り切っていた。

社員のほうは「いずれ統括部長が交代して社長になるので、今のうちから言うことを聞いておかないと。疎んじられてはまずい」と考えたのか、素直に従っていた。生活が懸かっているサラリーマンにとっては当たり前のことだと思う。

問題は、新しく来た統括部長が私の後を引き継いで今まで通りに業績をアップできるかどうかである。社長の経験がなくても資質があれば火事場の馬鹿力で乗り越えることができると思って期待して指導を行った。

初めての取締役会で会長に怒鳴られて。

上野食品がG社の子会社として引き継がれた年（二〇一二年）の四月、G社の取締役会に呼び出された。神戸の本社にて、本部の取締役と子会社の社長が十二人ほどテーブルを囲んだ。私は上場会社の取締役会に子会社の社長として初めて参加したのでかなり緊張していた。会長、社長の話が終わり、各子会社の社長が業績について説明していった。業績の悪い会社は会長からぼろくそに叱られた。いよいよ私の番が回って来た。しかし取締役会に出席するように言われていただけで、進行に関して何ら説明もなかったから質問されれば答えるつもりでいた。会長が「ところで、上野食品はどうなっているのか」と質問してきたので、私が「売上げが○○で、利益が△△です」と答えたら、会長がいきなり立ち上がり、書類を机に叩きつけて「何だ、その報告は！　いい加減にしろ！」と怒鳴られたのである。私は頭が混乱して顔を真っ赤にし、「はい、わかりました。気をつけます」としか言えなかった。私の答えが取締役会の報告規定にそぐわなかったと思われる。会場はしばしシーンとなり緊張が走った。帰り際に社長から「心配ない、大丈夫」とねぎらいの言葉があり救われた気持ちになったことを覚えている。

この時以来、社長とは馬が合い今でも年に何回かゴルフをしている。また社長のお陰か、神戸本社での会議の際は前夜に新神戸駅前のホテルに泊まり、本社まで送り迎えの待遇を受けた。おそらく他のプロパーの重役と違い買収先の社長だからだと思うが、その気遣いにはとても感謝している。この社長は公私にわたり一生涯付き合う価値のある人だと思った。会社を一部上場まで発展させたG社は素晴らしい社長が右腕として活躍しているので、さすがに会長の目も高いと思った。

さて、私は取締役会の進行に関して、事前に説明もなく呼び出されたことや、会長に大声で叱咤されたことに傷つき不満を募らせていた。上野食品を経営した四十八年間にはいろいろなことがあったが、最後には無借金で業績の良い会社をG社に譲渡したというプライドがあったからなおさらである。

取締役会は毎月行われた。そして、私にとって二度目となる五月の取締役会の通知が四月末に届いた。本来なら参加するべきだが、前回のショックが尾を引いていたのと、ちょうどその頃、心臓に異変があり検査中だったので、それを理由に病院の診断書を提出して本社の取締役会を欠席した。

さらに、六、七、八月の取締役会も休んだ。本来ならクビになるかもしれないが、会長に請われて次の社長を育てるために子会社の社長を二年間引受けたという意地もある。

そうこうしているうちに八月の末、社長から私宛に手紙が届いた。案の定、出席の要請であった。私もそろそろ出席のタイミングを考えていたし、親近感を持っていた社長からの手紙なので九月から出席することにした。

そして、九月の取締役会に恐る恐る出席した。会長からは何も言われなかった。少し拍子抜けしたことを覚えている。実は、会社を譲渡した年の四月からの上野食品の業績はすこぶる良く、子会社の中で目立っていた。

幹部研修会での会長との心の交流。

十二月になり、恒例の幹部研修会が一泊で行われた。勉強会が終了し宴会が始まった。座る席を見て驚いた。何と私の正面に会長が座っていたのだ。最初は緊張したが、私が上座で良いのかなと思っているうちに打ち解けてきた。

宴会が中締めになり、皆が席を立ち始めたその時、いきなり会長から「話があるから私の部屋に来てくれ」と言われた。「何だろう、まずいな。想像がつかないな」と思いながら部屋に足を踏み入れた。

会長から会社の将来と計画について聞かされた後、突然「上野さん、四月の取締役会では失礼なことをした。会社を思ってのことなので、気にしないでくれ」と言うのである。予想もしない会長の言葉に驚き、「私こそ取締役会に出席しないでご迷惑を掛けました」……と実際に言ったかどうかは忘れたが、心の中ではそう思った。さすが小さい会社を一部上場企業にまでのし上げただけの器量がある人だと以前から感心していたが、この件でそれを確信した。

聞くところによると、会長は家に帰っても仕事のことで頭がいっぱいで、休日も仕事の連絡が入り休む暇がない。常に十年先を見据えて動き回っているので、周りの人々も頑張らざるを得ないようだ。確かに、私もそう感じていた。会長は私と同年齢なのだが、とてもかなわない。こちらは七十歳で引退しようと思っているのに、死ぬまで会社を発展させようと頑張っている姿には頭が下がる。

G社は日本ばかりでなく東南アジアの台湾、マレーシア、タイ、ミャンマー、インドネシアなどにオートバックスや業務スーパーなどの小売業界に十五年以上前から進出、展開しており、会長の先見性が実を結んでいるのである。

新生・上野食品の業績が三部門でグループ一位に。

G-7ホールディングスの本社外観（2012年5月撮影）。

上野食品に話を戻すと、子会社の社長を務めて大過なく年末を越し、正月を迎えることができた。新年の初出勤日は本社に幹部が集合し、神社へのお参りと会議などが執り行われた。各社には三月の決算に向けて最後の追込みの指令が出ており、予算を達成していない会社は大慌てしていたと想像する。なぜなら、重役会議で叱責されて青ざめることになるからだ。

幸運にも上野食品は業績が好調で、予算は間違いなく達成できる見込みだった。そのため重役会議は苦ではなかったし、慣れてもきていた。

三月の決算が過ぎ、いよいよ五月初めに成績の表彰式が行われた。予算に対する達成率の良い順に会社が表彰される。売上げ、粗利益、経費率、一人当たりの利益など十部門が発表されるのである。

上野食品は業績が良いのはわかっていたが、他社と比較してどのくらいなのか見当がつかなかった。私はドキドキしながら発表を待った。「売上げ達成率、上野食品。粗利益達成率、上野食品。売上対経費率、上野食品」と甲高い声が耳に届いた。何と三部門で一位になったのである。そして賞金として百五十万円の謝金を受け取った。

会長も社長も喜んだに違いない。なぜなら買収先の上野食品が業績を上げたということは、M&Aが間違っていなかったことを意味するからである。早速、社に帰って社員全員に賞金を分配した。社員は驚いたと思う。今までこんなやり方で大金が手に入るとは考えたこともなかっただろう。もちろん、私も予想していなかった出来事だった。

上野食品からD社に社名変更、社長任期はまもなく終了。

Ｍ＆Ａから一年半が過ぎた頃、会長から連絡があり、東京で会合を持つことになった。用件は「社名を上野食品でなく、Ｇ社の子会社とわかる名称にしてほしい」との話だった。私は約束の二年間は上野食品のままでいくと思っていたが、Ｇ社のオーナーの言うことを聞かないわけにはいかないので了解した。

しかし、社名を変えると、印刷物ばかりでなく商品のパッケージや看板、在庫品などすべてを刷新しなくてはならない。時間と経費がかなり掛かり、業績に影響が出てもおかしくない。とはいえ、オーナーの言う事は絶対なので、何とかクリアしてD社に社名変更した。

子会社の社長の任期も残り半年だけなので、最後まで責任を全うしようと二年目の後半は頑張った。「災害用保存食品」を開発し、販売にも力を入れたので相変わらず業績は好調。社長代理でやってきたN氏もすっかりそれが板に付き、本音は我慢していた部分もあったと思うが頑張ってくれた。私は、二年目の後半には彼に権限を委譲しなければならないと考えていた。

D社に社名変更して三ヶ月が経過した二年目の九月末、会長から「相談があるので東京に行く」と告げられた。内容については想像がつかなかった。

結局、会長の相談は「上野社長、来年の三月までにD社を同じくG社の子会社である（株）G7ジャパンフードサービス（以下、E社）と合併したいので協力してもらいたいのだが」との内容だった。E社は大阪にある中堅の食品問屋で、D社がE社の東京事業所になるという話である。「もちろん協力します」と言ったものの、会長の最終目的はD社をE社の傘下に置くことだと悟った。その時点で、子会社の社長としての任期は残り僅か三ヶ月。無我夢中で働いたせいか、一年と九ヶ月などあっという間に過ぎていった感覚だった。

そして、二〇一三年十二月末にいよいよ引退の時を迎えた。二年間の約束を果たしたわけだが、G社の社長は約束を覚えていて一月になってすぐ退職金を支払ってくれた。有難いことだ。

いよいよ幕を閉じた、四十八年の社長人生。

二〇一三年十二月末、いよいよ引退の時を迎えた。

思えば一九六五年三月、大学の卒業日に二十二歳で突然社長に就任して以来、四十八年もの間、幾多の荒波を乗り越えてやっと平らな大陸にたどり着くことができた。

気がつけば私も七十一歳になる。常に借金を背負いながら馬車馬のように働いてきたが、自分で拓いた道なので前に進むしかなかった。常に「頑張ればなんとかなる」と思い、苦しい時も落胆することはなかった。お陰で五階建てのビルや社宅を都内に建てることができた。そして、M&Aで会社を上場企業に引き継ぐこともできた。これ以上望むことがあるだろうか！　家族、社員、取引先のすべてに感謝しなくてはならない。

父が創業した味噌醤油問屋を営んでいたら、会社はとっくに倒産していたと思う。その証拠に、当時の父の仲間だった味噌醤油問屋はほとんど廃業か倒産に追い込まれた。現在も私が安泰なのは、味噌醤油問屋からカップみそ汁を開発して食品メーカーになったお陰だとつくづく思う。どんな時代でも変化に乗り遅れたら会社は生き残れないのである。

四十八年間勤めた会社を離れることは惜別の感があったが、残りの人生の期待もあって気持ちは複雑だった。早速、私と一緒に四十七年間仕事をしてくれた取締役のM氏が送別会を催し、私たち夫婦を招待してくれた。ほとんどの社員が出席してくれた。何人か挨拶してくれたのだが、女子社員は感極まって泣いていた。苦しい時も辞めずに何十年も勤めてくれた仲間たちである。感謝せずにいられようか。今でもその会合の情景は瞼の裏に浮かぶ。

社長は引退するも、任期一年で顧問に就任。

D社とE社の合併は、翌年一月から私の後任として総務部長のN氏が進めることになった。前にも述べたように、たった三ヶ月で社名を変更するのは大変な労力を使う仕事だったと思う。彼は子会社の社長にはなれなかったが、私が退任することで東京事業所の所長に任命されたのでやりがいを感じ、張り切っている様子だった。今まで私に遠慮して我慢していたことが自由にできるようになったためか、早速、机を移動して自分が上席に座って営業部員を見渡せるようにした。私は個性を重んじて机をセパレートに配置していたのでレイアウトには反対だったが、退任するので文句は言えなかった。

とにかく二年間、自分が譲渡した会社の業績を何とか維持してきたので、肩の荷が下りた。会長、社長からはE社の顧問として残るように要請された。実は半年前に会長から「E社の会長にどうか」と打診された。名誉ある依頼だが、責任が重すぎるのでやんわりとお断りした。そして、任期一年という約束で二〇一四年一月に顧問に就任した。

毎週月曜日に朝礼に出たが、以前とは様子が違っていた。当然だが社員の切り替えは早かった。私には相談事などほとんどなかった。所長は自分の権限を強くしたいからか、私に相談するようなことはなかったのだ。社員もそれに従った。私が口を出す雰囲気がなくなってきた。リーダーの座を降りるとはこういうものか。

しかし、本社の会長、社長は、私にE社のアドバイスを期待していたのだ。一方、E社の社長も引き継ぎの時は話し合いを持ったがほとんど相談はなかった。いま考えると、会長、社長から委任された顧問なので、私に相談をすれば会長、社長にすぐさま通じてしまうという懸念を持っていたのではないだろうか。顧問として良い待遇を受けながら余り役立たなかったことは申し訳なく思っている。

G社との関わりの中で学ぶことが多かった三年間。

そうそう、書き忘れたことがある。顧問になって半年を過ぎた頃、突然、会長から私と新しく所長になったN氏に連絡があった。「N氏を他の子会社であるH社に異動させる。時間がないので急いでくれ」と言う。異動の狙いがわからなかったが、聞くところによると、優良子会社であるH社は人手が足りず、N氏に白羽の矢が立ったらしい。彼が私に代わって所長になって、わずか半年でN氏が異動では私たちはたまったものではないと思い、会長に直訴したが一蹴された。もちろん大阪本社のE社の社長も会長の命令には従わざるを得なかった。

会長とN氏との面談が持たれ、結局、N氏は自主退職することになった。私が社長を退任すると同時に彼は所長になり、やる気に燃えている時にまさに青天の霹靂の異動であった。異動先の職種が合わなかったらしく、がっかりして辞めていった。サラリーマンは会社の都合で何が起こるかわからない。人の運命は神のみぞ知るとはこういうことなのかと思ったが、会社を辞めずにいずれ挽回することもできただろうから、そうとは言い切れない。しばし複雑な気持ちになった。

彼が辞めた後、しばらくして、また会長から私に連絡が入った。「東京事業所の営業課長W女史を部長にしたいのだが、いかがかな？」とのこと。私は大阪本社E社の社長が彼女の昇進話を知っているかどうか気になったが、「賛成です」と答えた。

W女史は、私が上野食品を経営している時に事務員から営業課長に昇進させた人物である。明るく、頑張り屋で能力があり、営業課長にふさわしかった。彼女がE社の部長になるとはすごいことだ。私は彼女を営業課長にしたことを誇らしく思っている。

どうやら会長の考えは、彼女を辞めたN氏の後釜にすることであったと思われる。というのも、彼女は会長が毎月主催しているG本社の研修会に幹部として出席しており、彼女のパーソナリティが会長の目にとまったのではないだろうか。

そうこうしているうちに二〇一五年一月となり、私は顧問も退任した。三年間にわたりG社と関わって学ぶことは多くあった。大会社の厳しさを目のあたりにして、サラリーマンの生き方に考えさせられた。いかに人間関係が大切かを今さらながら学んだ。それにより私の経験値が上がり、今後の人生の糧になると思った。

それから間もなくして、会長、社長、副社長が、私たち夫婦とD社の旧上野食品幹部数人を東京のホテルに招いて歓送会を開いてくれた。その時の会長の挨拶は温かく感動的な話であったことが記憶に残っている。

Episode 9

上陸

人生の航路も、いずれは
一つの目的地にたどり着く。
そこで旅を終わりにするのか、
次の地を目指すのか。
ただし、生きている限りは
どこかへ向かわなければならない。
それなら、大きな船からは
降りても、
心に新しい地図を
描き歩き続けるべきだろう。

私は、会社をＭ＆Ａで売却し、さらに社長業からリタイア。
その後は大学院に進学しＭＢＡ取得を目指す。
それも大病と闘いながらの新たな旅だ。
人生は七十歳を超えてから、ますます面白い。
年齢に関わらず人生の大地は
無限に広がっているのだから。

私の人生観に影響を与えた、膵臓癌の疑い。

五十年続いた会社経営を引退し、人生の後半戦はいよいよ自己実現のために以前から目標にしていた仕事に取り掛かることにした。

目標は二つあった。一つは五十年間にわたる会社経営の経験を活かし、「中小企業経営のアドバイザーになること」。もう一つは以前から取り組んできた「ボランティア活動を続けること」であった。

ボランティア活動について話をすると、私は特別に思いやりがあるとか情が深いわけとかではない。おそらく四十五歳（一九八七年）の頃、病気になり膵臓癌で死にかけた経験が私の人生観に影響し、ボランティア活動に興味を持つに至ったと思われる。

この病気は強烈な経験だった。突然、医師から「ＣＴに膵臓が壊死した影が写っており膵臓癌の疑いがある。すぐにＴ医大に検査入院するように」と紹介状を手渡された。

思えばその一週間前、会社で商談中にいきなり胃の奥が痛み、余りの痛さに七転八倒して倒れこんだ。「救急車を急いで呼んで」という声が微かに聞こえたので、それを制した。単なる胃痙攣だと思ったのだ。

ところが、病院に行ってCTを撮ったら膵臓に影があるという。結果、T医大に急遽検査入院することになったというわけだ。

帰宅して家庭の医学書を読んで驚いた。その当時、膵臓癌になるとほぼ死に至ると書いてあったのだ。目の前が真っ暗になり、夕食は食べ物が喉を通らなかった。「悪いことはしていないのに何で私が」。とめどなく涙が出てきた。中学生の二人の娘を見て、また男泣きした。「この世と別れたらどうなるのだろう。家庭は、会社は、友だちは……考えられないよ。人生これからなのに」。頭が混乱し、わけがわからなくなってその夜は一睡もできなかった。

翌日、T医大でなくS大学病院に行った。これにはわけがあった。夜、藁をもつかむ想いで高島易断の書を開くと、T医大の方角が大凶になっていた。さらに友人が紹介してくれたS大学病院の方角を見ると吉だったのである。早速、その友人に連絡を取り、S大学病院に行くことに決めた。

検査入院になると思ったら、医者は通いの検査で良いと言う。これがむしろ大変だった。というのも、一回の検査の予約を取るのに十日以上待たされるのである。しかも、口から管を十二指腸まで入れて膵液を取ったり、太い内視鏡で膵臓の膵管に造影剤を入れて体外からレントゲン撮影したりと、本当に辛い検査だった。今ならＭＲＩがあるのでもっと簡単に検査できると思うが、三十年以上前なので仕方ないのかもしれない。結局、検査に三ヶ月も掛かってしまった。

考えてみれば、自分は膵臓癌になっても仕方ないような生活をしてきた。午前九時に会社の朝礼に出て、仕事が終わるのは夜の十時過ぎ。十一時に夕食を終えて、床につくのは夜中の一時過ぎである。接待ゴルフの後もそのまま帰宅せず、会社に行って仕事をした。休日は朝からテニスに耽り、体を休めることはなかった。自分でも「こんな生活をしていたらいずれ病気になる」と思ってはいたが、それを言ったところで後の祭りである。

病名は逆流性膵炎。そして人生観が変わった。

最終診断が下された。病名は、膵液が十二指腸に流れず膵臓に溜まって膵臓を壊死させる恐ろしい病気「逆流性膵炎」だった。ただし、私の場合は運良く少し経ってから膵液が流れたので助かった。

あんなに苦しんだのに、医者の話は案外あっけなかった。「助かった」と喜ぶべきなのだが、何か虚しかった。三ヶ月間、気持ちはそれこそ地獄をさまよう毎日だった。死が頭から離れず死に神が呼んでいるような気がして、何をしても楽しめなかった。食事も喉を通らず、神経性胃炎になり八キロもやせてしまった。

そして考えた。「生きていることは素晴らしい！　生きているだけで丸儲けだ」「地位や名誉、金などは命と比べたら大した価値ではない」と。

その時は気がつかないものだが、後から確かに人生観が変わったと思う時がある。それまで会社を大きく発展させて、あわよくば上場して名のある会社にしたいとガツガツ貪欲に仕事をしていた。地位や名誉に憧れていたところもあった。

四十五歳の働き盛りには、そうしたモチベーションは決して悪いものではないはずである。しかし、病気になって考えが変わってしまった。

人の幸福とは何だろう。会社を大きくして社長が金持ちになって得をしても、皆が幸せでなければ意味がない。規模にこだわらず、社員が幸せと思う会社にしようという方向へ舵を切ったのである。そして「生かしてくれた代わりに世に役立つことをしよう」と改めて思うようになった。この経験こそが、その後の「ボランティア活動をしたい」という潜在的意識を呼び覚ましたきっかけだったと思う。

カンボジアに小学校を建てるボランティア活動に参画。

四十代の頃はボランティア活動をする余裕などなかった。六十歳を過ぎたらどこか信用できる団体に寄付をしようとは考えていた。そんな時に友人から、「カンボジアに小学校を百校以上建てた団体があって、寄付金は全額ボランティア資金として使われているのだが、興味があれば社長にアポイントを取るけど」と声を掛けられた。私は「ぜひお願いしたい」と伝えた。なぜなら、寄付金の多くを経費に使ってしまい現地に全額届ける団体は少ないからだ。それは当時、急成長を遂げた居酒屋「和民グループ」が始めた「スクール・エイド・ジャパン」というボランティア団体だった。早速、当時の渡邉美樹社長に会い、意気投合した。

スクール・エイド・ジャパンの活動に参画し、カンボジアに小学校3校を寄付（2008年3月撮影）。

渡邉氏は「つぼ八」の創業者・石井誠二氏が経営するフランチャイズ店のオーナーから独立して和民グループを創業した人である。実は以前、私が教育事業を行っている時にビデオを売込みに行き、一度お会いしたことがあった。私は「つぼ八」の創業者の石井氏とは昔から友人でゴルフ仲間でもあった。だから、渡邉氏をまんざら知らないわけでもなかった。

渡邉氏から「カンボジアに小学校を建てるには最低でも五百万円は掛かる。何とか集めてくれないかな」との要請を受けた。「わかりました。何とか集めてみます」と答えた私であったが、その帰りがけに五百万円の寄付を集めるのは大変で工夫が要ると正直思った。何か良い考えはないものか？ そうだ、チャリティーゴルフを開催して寄付を集めれば良い。渡邉氏も石井氏もゴルフが好きだ。早速、提案してみたところ、本当に開催することになった。

主催者は私なので準備が大変だった。三ヶ月前から準備を始めないと間に合わない。上野食品の社員に手伝ってもらったが、何しろゴルフ場を借切って四十組以上集めなくてはならないのである。渡邉氏も十五組集めてくれたので助かった。

結局、四年間でコンペを四回行い七百五十万円集め、さらに私が個人的に三百万円を寄付。その他の寄付なども合わせて、総額約千三百万円で小学校三校を建設した。

小学校を建設できたのは「スクール・エイド・ジャパン」の事務局長である住田先生（故人）の尽力のお陰でもあり、とても感謝している。

私もカンボジアには事前に二回足を運んだが、ゴミ集積場でゴミ拾いをして生きている子どもや、親の手伝いで小学校に行けない子どもを目の当たりにして、余りにも貧乏なのに驚き、微力ではあるが何とかしたいとボランティア活動に意義を感じていた。その後、六年間活動し、渡邉氏が参議院議員になったのを契機に、私はこの「スクール・エイド・ジャパン」の活動から退いた。

日本も気兼ねなく寄付が行える社会になることを願って。

その頃、東急池上線千鳥町駅前の不動産会社に、大田区千鳥町に上野ビルディングが建てた五階建てのビルの管理を委託していた。

「上野社長！」。倉庫にいた私に同社の冨倉社長が声を掛けてきた。「久が原にある聖フランシスコ教会が、五十人いる児童養護施設のバザーの品を集めています。何かご提供いただけないでしょうか？」と言うので、「金額にしてどのくらい寄付すれば良いの？」と聞いてみた。すると、「多ければ多いほど良いです」。当たり前の話だ。「それなら十万円程度でどうだろうか？」「十分です」。そんなやりとりの後、早速倉庫から品を持ち出して彼の車に運んだ。

後日、冨倉社長は「ビルのオーナーはケチが多いので上野社長も同類だと思っていたが、この社長は見直した」と出入り業者に語っていたそうだ。

これを機に彼とは仲良くなり、聖フランシスコ教会の児童養護施設には毎年三十万円から五十万円の寄付を、以後十年以上にわたって現在まで行ってきたが、これからも続けるつもりだ。

児童養護施設・聖フランシスコ教会には毎年30万円を寄付（写真は2015年8月）。

それとは別に、ベトナムの孤児を支援しているMさんに毎年十万円寄付を行い、これも現在まで十年以上続けている。彼女は慶應大学卒だが、偶然にも彼女の父は早稲田大学卒で私の後輩になる。

当然、寄付は自腹である。こんなことを書くと「金に余裕があるからできる」と言われるかもしれないが、私が知っている限り、金持ちに寄付をお願いしても渋る人がほとんどである。自慢しているように思われて書くのを躊躇する気持ちになるが、すべて真実だし、自慢していると思う日本社会が他の先進国に比べて遅れているのである。日本はいつになったら気兼ねなくボランティアの話が喋れる社会になるのであろうか。

東日本大震災の被災地支援で大船渡へ。

ご存じの通り、二〇一一年三月十一日、私がもう少しで六十九歳になろうとしていた時に東日本大震災が起こった。阪神淡路大震災も凄かったが、その何倍もの甚大な災害であったことは記憶に新しい。私たち日本人にとって絶対に見過ごすことができない大惨事と言える。

私はテレビで被災状況を見ているだけで何もしていない自分が歯がゆかった。現地へ行って少しでも助けになれればと想いを募らせるものの、被災の範囲が広すぎてどこへ足を運んで何をすれば良いのかわからない。一緒に行ってくれる人もなかなか見つからなかった。

そこで、前述した不動産会社の冨倉さんに声を掛けてみた。「行きましょう。

ワゴン車があるから救援物資を積んで出発しましょう」と快諾してくれた。さすがボランティア活動に力を入れている冨倉さんだ。私より七歳下だが、大した男だと思った。

だが、実際にどこへ行くかは決め兼ねていた。

そして、テレビで災害現場のニュースを見ていたら、岩手県大船渡市の戸田市長が外国人のボランティアの人たちとすれ違った時に、英語で流暢にねぎらいの言葉を掛けていたのを目にした。「地方の市長が英語で話せるなんて凄い。行くのなら大船渡市だ。できれば市長にも会いたい」と思った。

私たちはワゴン車に食料と生活物資、ローソク、寝袋を積んで、半分だけ開通した道路を九時間掛けて大船渡へ向かった。そして、四月二十日の夜中、現地に辿り着いた。

出発前に冨倉さんが倫理法人会の名簿を確認し、会長の菅原さんが大船渡市在住であるのを突き止め連絡を取ってくれていたので、到着後すぐ菅原夫妻に会うことができた。温かく迎えていただき、夕食の御馳走だけでなく野宿を覚悟していた私たちに仮宿もご紹介いただいた。そのことは本当に有難く、心から感謝している。
菅原さんは地元でいろいろと活躍している方らしく、翌朝、戸田市長にアポイントを取ってくれた。お陰で私たちは思いがけなく戸田市長に面会することができたのである。

2013年9月、岩手県大船渡市の戸田市長（右から4人目）に寄付金を謹呈（3年間で500万円寄付）。

市長との話が進み、今後は大船渡市に絞って微力ながら救援活動を行いたい旨を伝えた後、外国人に英語で話をしていた理由を訊いた。市長は大手の建設会社の香港支社長を歴任していたとのことで合点がいった。話がスマートな市長で、役人臭くなく、思惑通りの人に会えたと感じて、「三年間はボランティア活動をさせてもらいます」と冨倉さんをよそに約束してしまった。後で冨倉さんに「気に入ったからと言って、三年間ボランティア活動をするなどと簡単に宣言して良いのですか?」と言われてしまった。

被災現場は想像を遥かに超えた惨状だった。高さ十五メートルの津波は堤防のコンクリートをズタズタに壊し、漁船や車があちこちに散乱し、町全体が瓦礫の山に化した状態であった。素人の私が推測しても、片付けるのに二、三年、復興するのに十年は掛かると思った。

体育館には遺体が多く並べられており、避難所は行方不明者を捜す人たちでごった返している。何とも耐え難い光景に、無力な私たちは何もできず申し訳ない気持ちで胸がいっぱいだった。

鎮魂の石碑の英語版を寄付。

戸田市長との約束通り、私たちはワゴン車に救援物資を積み込み三年間大船渡に通い、ボランティア活動を行った。

市長に面会して市内の復興状態の説明を受けた際は、計画が緻密で詳しくは理解できなかったが、建設会社の出身だけあってさすがに凄い人だと感じた。

三年目に訪れた時、港の近くの市立公園に、地元のロータリークラブが「鎮魂愛の鐘の塔と石碑」を建立した。大船渡市の被災の状況を後世に伝え、犠牲者を鎮魂するために建てられたものである。この公園は港に近いので、震災の前はクルーザー・飛鳥の停泊地になっており、地元の人々ばかりでなく多くの外国人が観光客として訪れていた。私はこの日本語版の石碑を見て、「隣に英語版の石碑を建てたら外国人にも日本の大災害を理解してもらえるだろう。それで、やがてここが名所になれば」と考えていた。

2014年3月、東日本大震災で亡くなった方々への「鎮魂の英語版石碑」を寄付（大船渡市立公園）。

早速ロータリークラブの会長に提案したら、「良い考えだが予算がなく難しい」との回答だった。「いくら掛かるのですか？」と尋ねたら、「最低七十万円はするよ」と言う。私はしばらく考えて「それなら私が出しますから、どうでしょうか？」と話してみた。会長は「皆と相談して返事をする」と言って私たちと別れた。そばにいた冨倉さんに「あなたも負担する？」と訊いたら、「私は貧乏だから三十万円出します」と言ってくれた。

ロータリークラブからはすぐにＯＫの返事があった。英訳した原稿を友人のアメリカ人にチェックしてもらい、その二ヶ月後に立派な石碑が出来上がった。落成式には、お坊さん、地元の住民の方々、ロータリークラブの皆さん、そして私たちが参列した。評判を知ったのか、地元のテレビ局のディレクターと新聞記者が来て取材を受け、翌日の地元紙などで報道された。

私的な話で恐縮だが、石碑の最後の文字に英語でCost of this stone is donated by Toshio Ueno and Susumu Tomikura. と刻まれていることを誇らしく感じている。大きくなったら孫に見てもらいたいと願っている。

大船渡市には結局、支援物資の他に現金四百万円を寄付したが、何より市長はじめ地元の皆さんと仲良くなれた絆のほうが大きかった。

前にも述べたが、ボランティア活動はこちらが何か救われる想いがするので、生活に支障がない限り一生続けたいと思っている。戸田市長を紹介してくれた菅原さんに改めて感謝したい。

一念発起しMBA取得のため
七十二歳にして大学院受験へ。

ボランティアの話はこのくらいにして、引退後の第一の目標である「中小企業経営のアドバイザーになること」について話を進めたい。

前述の通り、私は大学卒業を間近にして、父の突然の死に直面し、長男であるがゆえに家計を支えるためにも、会社の借金を抱え、苦境に立ち向かいながら経営に立ち向かった。そして、社会と市場の変遷に対しイノベーションを何度も遂行して苦境を乗り越え、最後にはM&Aで事業継承に成功して何とか五十年間にわたる会社経営を全うすることができた。

一言で「五十年」と言うが、一九六五年頃は関東地区に百社ほどあった味噌醤油問屋のほとんどが絶滅危惧状態で倒産か廃業に追い込まれ、五十五年経った今では数社残っているかどうかという状況である。時代はそれだけ大きく動いたのである。

自画自賛と思うかもしれないが、会社を長く継続することは容易ではない。それならば、この経験を活かして起業する人たちや中小企業の経営者に企業発展のノウハウをアドバイスすることはやりがいがあると、引退前から考えていた。

ところが、何人かの人から言われたのは「五十年間会社を続けることは素晴らしいが、それだけではダメ。経験と理論をリンクさせて上野さん独自のセオリーを構築し、実際に結果を出すアドバイザーを目指すべき」と言われたこと。また、「コンサルタントならいくらでもいるので、大学院でビジネスの研究をしてMBAとか博士号とかを取得すれば周りの印象も違うはず」とも言われた。

私もすでに七十二歳になっていた。「そうか、大学院に行くのも悪くはない。アメリカやヨーロッパは年齢に関係なく門戸は開かれている。日本が遅れているだけだ。でも、試験が難しいから受からないかも」。そう思いながら、いつか試しに大学院の試験を受けてみようと思っていた。

顧問を引退した後はゴルフに夢中だったが、こんなことはしていられない。というのも、大学院を目指そうと本気で考えたからである。新聞広告とウェブサイトの案内を見たら試験の多くは九月中旬で、願書の締め切りは七月末だった。

まずは早稲田、立教、中央と、各大学院の説明会に足を運んだ。感じが良かったのは中央と立教。残念ながら母校の早稲田は参加者に社会人が少なく、違和感を持った。中央、立教のどちらを受けるか迷ったが、説明会で面接官のT教授が熱血漢で印象が良かったため立教を受験することにした。

受験間際に大病が発覚。療養と入試がバッティング。

立教の大学院に願書を出す一ヶ月前の六月、二年ぶりに五反田にある大病院Nの人間ドックを受診した。健康には自信があったので、何ら心配はしていなかった。

ところが、エコー検査で腎臓に小さな黒い影があるのが見つかったのである。さらに同病院で精密検査を受けたところ、腎臓に二・五センチの腫瘍があることが判明した。

そして八月初旬、A医師の診察を受けた。彼は「おそらくこの腫瘍は癌だと思うが、小さいし、今は昔と違って片方の腎臓を全部摘出せずに部分切除もできるから大丈夫」と言う。そして、彼のスケジュールに合わせて八月三十日に手術を受けることとなった。泌尿器科でナンバー2のA医師は、当時四十六、七歳くらいの働き盛りであり、手術経験も豊富と聞いていたので不安はなかった。

しかし、後で思い返せば、放射線治療や腹腔鏡手術など他の方法もあるわけで、どれが適当かセカンドオピニオンに相談する機会を持たないまま切開手術に同意したことは大いに反省しなければならない。診断結果が出て手術の同意を求められる場合は、できたらセカンドオピニオンに相談して慎重に検討すべきである。病院を替えるのは容易ではないが思い切って決断しなくてはならない。

かくして、八月三十日に予定通り手術を受けた。術後、全身麻酔の状態から次第に意識が戻り「助かった」と思った瞬間、麻酔が効き過ぎたらしく急に気持ち悪くなり、それが一段落すると今度は麻酔が切れ始めて背中から腹の奥まで激痛が走るなど、七転八倒の苦痛を味わったが、無事に腫瘍の切除は成功した。

それから十日間入院し、退院後も治癒するまで自宅で三週間療養することになったのだが、問題は立教大学大学院の入試が迫っていたことである。試験は小論文二題の提出と十月二日の面接。つまり手術の日から面接日まで一ヶ月程度しかなく、小論文は病気療養の真っ最中にまとめなければならないわけである。このような状況だし、どうせ受からないだろうと半ば諦めていた。「落ちたら来年、再び挑戦しよう」とも考えていた。

ところが、予想に反して一次試験の小論文をパスし、面接へ進むこととなった。ただし、体調は一向に良くならない。微熱があり、腹痛も起こし、寝汗が出ていた。面接の二日前、九月末日の朝に、目を覚ましたら下着と敷布団が寝小便をしたように濡れていた。手術した傷口から液体が雨垂れのように出ていたのである。慌てて病院に駆けつけ、ＣＴ撮影で診てもらうと皮下に液体が溜まっていた。応急処置で傷口を止め、様子を見ることになった。

そのわずか二日後、いよいよ大学院の面接である。当日は体調が悪かったので家内に付き添ってもらった。面接後はへとへとになって帰宅した。

大学院合格の後に待っていた過酷な「尿漏れ」との闘い。

十月七日に合格の通知が届いた。嬉しかったが、それほど感激はしなかった。

まともな受験勉強もしていないのになぜ合格したのかわからない。面接の時に「小論文が良く書けている」と言われたので「それかな」と思った。もうすぐ七十四歳になるが、目的の第一歩を踏み出せたのでひとまず安堵した。

さて手術後、体調は一向に良くならない。後で判明したことだが、手術して約一ヶ月後の九月末の時点ですでに腎臓の尿管から尿が漏れ始めていたのだった。さらに、悪い事が重なった。数日後、手術した傷口が塞がり、漏れていた尿が外に出ないで体内の臓器に滞留していたのである。

抗生薬を飲んで我慢していたがあまりの苦しさに耐え切れず、十月二十日に再び病院に駆け込んだ。精密検査の結果、腎臓から漏れた尿が腹膜に溜まり腹膜炎に近い状態ということで、緊急の手術を行うこととなった。横腹に穴を開けて腎臓膜に管を入れ、溜まった尿を取り出すというもので、管が腎臓膜に届くと血尿と膿が出続け、十日経ってようやく黄色い尿になった。だが、尿を排出するための袋を横腹と陰茎の先に着けたまま、最終的に十二月まで入院する羽目になった。

特に、三度目の手術は厄介だった。内視鏡カメラを陰茎の先から尿道を通し膀胱まで入れて、そこからさらに切れた腎臓の尿管に五十センチくらいの長い管

（ステント）を差し込んでつなぐのである。手足を固定され、なぜか麻酔はしないまま、内視鏡の長い管を入れられたので、余りの痛さで我慢できず、うなり声を上げた。

そんな拷問のような手術を受けたのだが、その二日後に医者から「ステントを入れ過ぎたので再び内視鏡を入れて三センチばかり引っ込める」と言われた。何てことだ！　仕方がなく覚悟を決めて受け入れた。本当に痛かった。ところがその後も、横腹に付けた尿袋の尿量は少しも減らない。これには閉口した。

三度の手術で五キロも痩せて体力は落ちてしまった。聞くところによると、尿漏れを起こすと感染症や尿毒症で亡くなる人もいるらしいが、不思議と死の恐怖はなく、精神は安定していた。まずは会社を引退していたので家族のことを除いては心配がなかったこと。大学院に合格したが、登校が翌年の四月からなので時間的な余裕があること。病棟が個室で看護の体制も良かったこと。仕事も遊びも過ぎれば病気になるが、それは自分に責任があること。いずれ治ると思い、周りが思うほど心配はしなかった。理由はそんなあたりだろうか。家内も献身的に介護してくれたが、最悪の事態になることは心配していなかったそうだ。あるいは、心配はしても私の前では明るく振る舞ってくれていたかもしれない。

見舞いで思い知らされた平素の付き合いの大切さ。

入院中の見舞いの話になるが、腎臓癌は初期であり短期間の入院と聞かされていたので、知っていたのは家族だけで、親戚にも友だちにも知らせていなかった。ところが退院して一ヶ月半を過ぎてから緊急手術で再入院することになり、入院が長引くことになった。そこで、手術後の容態が落ち着いた頃、個室に持ち込んだパソコンで何人かに知らせた。一ヶ月も家を留守にしていたのと、携帯電話や家に電話が掛かってきていたので、私の入院を親戚と友だちに報告することにした。数人から見舞いの問い合わせがあったが、最初はお断りをした。無様な格好を見せたくないと思ったのだ。

そして、手術が一通り終わった十一月の中旬、ようやく見舞いに来てもらった。やはり有難かった。付き合いの濃い友人が来てくれた。病院まで足を運べない人からも花束や手紙を頂いた。特に、東日本大震災の後、三年間ボランティア活動で通った大船渡市の戸田市長からも思いがけず見舞いの手紙を頂いた。平素の人々との付き合い方がいかに大切か、入院して改めて思い知らされた。

完治したと思いきや、まだまだ続く闘病生活。

手術後の経過に話を戻すと、入院後二十日を経過した頃から少しずつ横腹の袋の尿が減ってきた。そこで、横腹の管を抜いて尿袋を取ることとなった。ただし、腎臓膜に届いている管を抜くのは簡単なことではない。管が内臓の筋肉に癒着しているので、麻酔して四日間掛けて少しずつ抜くのである。

そして、また事件が起きた。腹と膀胱が突然痛くなり、我慢できずのた打ち回った。陰茎の先から膀胱に挿入しているゴムの管が石で詰まり、尿が膀胱に溜まったまま下の袋に流れなくなったのだ。いわゆる尿道結石で、膀胱が尿で満杯になって破れる寸前であった。もう三十分もしたら人工膀胱を着ける羽目になったに違いない。

それでも再入院して一ヶ月半が過ぎた十二月五日、病状も落ち着いてきたので、退院して自宅療養に切り替えることになった。とはいえ、腎臓の尿管が復元するまでステント管を入れたままである。尿管がつながるまでおとなしく自宅療養しなければならない。体内にステント管が入っていると人間の体は異物を感じるのか、微熱と汗が出て気分はすぐれなかった。

まもなく年が明け、検査を受けてCT撮影の結果が出た。A主治医から「尿管の周りにこぶが出来て復元されたので、早速ステント管を抜きます」と告げられて、私は喜んだ。陰茎の先より内視鏡を挿入し、膀胱から腎臓に通じる穴からステント管を引っ張って抜くのだが、これがまた恐ろしく痛かった。癌の転移もないということなので、これでやっと完治したものと信じた。家内にも完治した旨の電話を入れた。「良かったね!長かったけど助かったね!おめでとう」。家族からの祝福の言葉である。モルモットのように次から次へと検査や手術に回され、痛くて大変だったけれど、「助かったのだから幸運を与えてくれた神に感謝しなくては」と思うことができた。

ところが、何と病気との闘いはこれで終わらなかった。ステント管を抜いて、一週間も経たないうちに、微熱が出て気分が悪くなってきた。すぐに病院に駆けつけCT検査を受けたところ、想像もしなかった言葉がA主治医の口から発せられた。「上野さん、どうやら尿管から尿が少し漏れているみたいだね」。私は「え、本当ですか！」と声を上げた。冗談じゃない。こちらはA主治医の言うことを素直に聞いて三ヶ月も我慢してきたのだ、これ以上は無理だ！と言いたかったが、ショックが大き過ぎて言えなかった。そして、対処法についてA主治医は「もう一度ステント管を挿入するか、あるいは挿入しないで自然に復元するまで一ヶ月待ってみるかのどちらかだな」と話した。内視鏡で陰茎の先からステント管を腎臓まで挿入するのには酷い目に遭っているので、私はステント管を入れずに一ヶ月我慢するほうを選択した。

それから二週間過ぎた頃には、微熱も下がり痛くなくなってきた。一ヶ月後の二月中旬、恐々とA主治医の診察を受けた。今度はCT画像で復元が確認できた。「やった！」と思ったが、まだ厄介な問題が残っていた。漏れてしまった尿が腎臓の周りの腹膜に一リットル近く残っていたのである。「先生、抜いてくれるのですね」と私は当然のように話をした。ところが、それに対してA主治医の口から驚くべき言葉が発せられた。「いや、リスクが大きいから当院では抜かない」

という答えだった。体内に尿を溜めて自然になくなるまで一年から二年我慢するような状態だった。まったく無責任な話だが、反論しても無駄だと思った。よその病院で抜いてもらうか、尿を溜めたまま抜けるまで我慢するか、最後の闘いが始まった。

仕方なく私は他の病院に相談してみたが、結局、「手術した病院で抜いてもらうしかないよ」と言われた。当然の答えである。一ヶ月後には大学院に通わなくてはならない。時間がなかった。私は焦った。抜くのを躊躇したA主治医には、正直言ってかなり憤慨していたので、今さらA主治医に腎臓の周りに溜まった尿を抜いてもらう気はなかった。こうなったら仕方がない、二年間腹に尿を溜めてなくなるまで我慢することにした。そして、尿を溜めたまま大学院に通うことになった。

腹に尿が溜まったままの生活は健康面で支障をきたした。まず夜中に汗をかき下着を毎日二回は着がえなくてはならない。また、免疫力が落ちているので疲れやすく、風邪を引きやすくなった。半年後にゴルフをしてみたらボールが飛ばないし、スコアはガタガタで惨めな結果であった。このような肉体的状態であったが、大学院の授業に出て単位を取り、後期の修士論文に合格するため執筆にとても忙しかったので、腹の中の尿は二の次になった。その後、腹に溜まった尿は大学院を卒業した半年後に無くなって回復した。二年半でやっと健康体になった。手術してから三年間、長かったが精神が肉体に勝った闘いでもあった。

ここで、忘れずに伝えたい大事なことがある。それは、体に異変があって病院に行き、病名が判明しない場合、または判明しても、その病院だけでなく他の評判の良い専門の名医のいる病院も検討すべきということだ。セカンドオピニオンに相談するのはとても勇気が要るが、命が懸かっている場合はなおさらである。「インフォームドコンセント」と言って、医者の説明に患者が納得し同意したうえで治療を受けることは大切だ。いくら腕が良くても、病状を詳しく説明もしない、上から目線の不親切な医者は名医とは言えないと思う。病気を治せるかどうかは医者次第なので、勇気を持って選択しなくてはならない。また、掛かりつけの医者や病院となじみになって、専門医や専門病院の紹介状を書いてもらえるようにすることも大切である。

Episode 10 前進

人生は前に進むことしかできない。
加齢とともに気力や
体力は落ちても、
歩くほど着実に蓄積されて
いくものがある。
そして、積み上げた経験を
存分に活かせば、
自分自身のイノベーションは
何度でも起こせる。

長い歳月にわたり会社経営を通じて培ってきた
「宝物」に磨きをかけよう。
今度はビジネスではなく、自分の未来のために
イノベーションを起こすのである。
そして私は、大学院生として新たな海へ漕ぎ出した。
人生の航海は続く。

希望に胸をふくらませる
七十四歳の大学院生、誕生。

そして、いよいよ立教大学大学院ビジネスデザイン研究科（以下ＲＢＳ）の入学式が近づいてきた。

私は身体の衰えを自覚していない人間であるらしい。今まで重篤な病気を乗り越えてきたので、生きることに対する執着が他の人より強いのかもしれない。そして、生きることの価値はやりがいや生きがいにほかならないと考えるようになったのだと思う。七十四歳からさらに十五年間生きたとしても、家にいて何もせずゴルフや旅行に行くだけの生活では味気ないし、やりがいや生きがいを感じない人生など意味がないと思う。「やりがいを感じながら、何とか社会に役立つ仕事はないだろうか」と会社を引退する前の六十五歳頃から考えていた。

上野食品は社員五十人の小企業だが、何度も困難を乗り越えて優良会社にした。ただし、残念ながら後継者がいない。会社を継続させるためにＭ＆Ａで一部上場企業の他社に譲渡し、請われて二年間、上場会社の役員（子会社の社長）を務めた。その経験は捨てがたい。「引退したら、それを活かして中小企業の経営アドバイザーになろう」と決意していたのだ。

しかし、五十年間社長として会社を継続させたことは賞賛に値することかもしれないが、それだけでは実業界が評価してくれるかどうかは疑わしい。日本は肩書で判断するから、正直難しいと思った。そして、経験と理論をリンクさせてビジネスをデザインする真のスペシャリストとして、中小企業経営に役立つアドバイザーになるべきだと考えたのである。

いくつかの大学院の説明会に足を運んだ結果、私の考えの主旨と教育目的が合致したのがＲＢＳだった。受からないと思っていたが、会社で何十年も業務日誌を書いていたせいか、前述の通りおそらく小論文の評価が良かったのだろう、幸運にも合格することができた。

以下、ＲＢＳの教育目的、履修モデル、カリキュラム、シラバス（講義要項）、モジュール（基本的単位）など、博士課程前期課程の学習内容について簡単に紹介する。

教育目的は、高度専門職業人を養成する学生、社会人のための教育機関として、ビジネスをデザインする真のゼネラリスト並びにスペシャリストを養成すること。知識や経験の相互互換性を意識させる学習により、自身の専門性や企業の役割を再発見する知識の質的転換を図るのである。

授業は一年を前期（春・前半①後半②学期）と後期（秋・前半①後半②学期）に分け、一年目は基礎モジュールを中心に戦略論やファイナンス、会計、統計、など基礎的な理論的知識やスキルを修得。また、後期には必須科目ビジネスシミュレーションを修得し、戦略的思考と創造的な事業構想力を修得する。二年目は専門モジュールを中心にブランドマネジメントについて、より専門的、実践的知識を修得。そして、前期から複数の修了研究（ゼミ）を履修して二人の教授による多面的な論文指導を受けて修士論文を作成する。

修士論文は、まず指導を受けた教授の承認をもらい、十一月初旬に修士論文の仮提出を行い、正式な修士論文は卒業年度の一月に提出して、複数の教授の審査により合否の判定が示される。合格した場合はＭＢＡ（経営管理修士）の資格を取得することになる。堅苦しい話だが、学習システムに従って履修しなければ単位が取れず卒業できないのである。

学校のシステムに慣れるため、まさかのパソコン教室通い。

二〇一六年四月三日、ＲＢＳの入学式に出席した。元来はカソリック校から始まった学校なので、会場は教会の大講堂である。見知らぬ同窓生が「別の場所で初顔合わせのパーティーを開いている」というので出席してみた。ＲＢＳの新入学生は九十人と聞いていたが、さすがに若い人たちが多い。女性も三割はいたと思う。後で知ったのだが、中国人が三分の一近くを占めていたそうだ。その時はまったくわからなかった。世代が離れているせいか、場違いのところに来てしまった感じがしたので中座した。

四月十一日に春学期前半①の授業が始まるのだが、その手続きが大変だった。パソコンによりＷＥＢで履修登録を行い、自分が受講したいシラバス（講義内容・時間割、教室、指導教官）を検索して登録しなければならない。ＩＤとパスワードを用いて、春学期と秋学期の二回行うことになる。また、各種申請書もＷＥＢからダウンロードしなければならない。大学院に入学したら、とにかくパソコンが使いこなせなかったらどうにもならないのである。若い人たちは慣れているだろうが、アナログで育った七十四歳を過ぎた人間にはきつかった。それでも、やらざるを得ないからパソコン教室に通いながら習得した。

世代の違いを感じながらも大学院生活を謳歌。

一科目の講義時間は三時間と長い。春学期前半①後半②（四～七月）で四単位、秋学期前半①後半②（九～十二月）で四単位となっている。必須科目（ビジネスシミュレーション）四単位、選択科目三十二単位、選択必須科目（修士論文）四単位で、修了単位数は合計四十単位。それを二年間で修得できれば卒業することができるという仕組みだ。

各学生は将来の目標によって選ぶ科目が違う。一般の大学よりは専門的な知識が選べる利点があると思った。私は中小企業経営に関心があったので、流通システム論、会計学・原価計算基礎、サービス・マーケティング、コーポレート・ファイナンス、消費者行動論など八科目を選択科目にした。

講義の仕方は教授によって異なるが、試験はレポート提出と、各学生がテーマを決めて教授と他の学生たちの前でプレゼンテーションを行い、その内容次第で教授が成績を決めるというもの。プレゼンテーションはＰＯＷＥＲ ＰＯＩＮＴで資料を作成して行うので、ソフトを使いこなすのが大変だった。講義の最後に毎回試験を行う科目もあり、真剣に受けざるを得なかった。皆の前で説明や講演を行う際、スピーチをするだけではわかりにくい場合があるが、パソコンにより映像で説明すればより理解しやすくなるためプレゼンテーションにはＰＯＷＥＲ ＰＯＩＮＴが重要なツールであると思う。お陰で使いこなすことができるようになった。おそらく卒業後も様々な企業にプレゼンテーションを行うことになるので、このスキルの習得はかなり役立つと思っている。

大学を卒業してから五十年も経過しているので比較はできないが、立教大学の教育環境（設備・システム）は素晴らしかった。大学院専用の学習室には一人一台のパソコンが設置されており、夜十一時まで学生たちに開放していた。

また、一人ひとりに専用のロッカーが与えられた。特に図書館は規模が大きく綺麗で、最新式のシステムで運用されており、大学院生の専用スペースも用意されている。そちらは私もよく利用した。

一つの講義を受ける学生の人数は五人から二十人。やはり人気のある教授の授業は人数が多くなるが、さすがに「勉強に来た」という意識が強く誰もが真剣に学んでいた。

中国人はなかなか賢く、特に女性が元気だった。「苦学生」という昔のイメージとは違い、察するに本国で上流階級に属すると思われる学生が多い気がした。彼らは親元を離れて資本主義の自由な空気を吸いたいことと、ＭＢＡを取得して日本の有名企業に入ることを目指していると思われる。実際、彼らの仲間の卒業生は有名企業に入社できて喜んでいた。学校側とすれば、中国人をはじめ多くの留学生が受験してくれることは良い収入源になっていると思う。

こちらは入学の翌月には七十四歳になる、間違いなく学生の中ではダントツの年配であった。余談だが、説明会の時に会場に入ろうとしたら職員か講師に間違えられて他の場所を案内された。教授とは十二歳から二十歳は離れていた（もちろんこちらが年上）と思う。それだけに私は目立ったに違いないが、違和感を持たれないようにできるだけおとなしくしていた。何人かと親しくはなったが、世代の違いがあって深い付き合いはできずに終わってしまった。

コミュニケーションの深度はそのまま成績に表れる？

ここで病気のことにも触れないわけにはいかないだろう。

授業開始二ヶ月前の二月中旬には、腎臓の尿管が塞がった。塞がりはしたが、結局は腎臓の周りに溜まった約一リットルの尿を抜かずにそのまま学校に通うことになった。

自宅から最寄りの東急池上線・旗の台駅まで徒歩十分。そこから池袋にある立教大学までは一時間十分掛かる。いま考えると、体内に尿を抱え後遺症とも闘いながら、よくも二年間ほとんど休まず（欠席は一度だけ）通ったものだと我ながら感心している。学生証を発行してもらっているお陰で学割定期券を使えたのは嬉しかった。退院して二ヶ月しか経たないうちから一科目三時間（途中休憩十分間）の講義を受けるのはしんどかったが、将来を夢見て、気力のほうが勝っていた。

少々反省しているのは、担当教授とはもっと深くコミュニケーションを取っておけば良かったということ。というのも、選択必修科目の授業を受講する際、時間割の関係でD教授にメールで頼んで中国人学生のグループに入れてもらったのだが、過日、D教授に会った時にうっかりお礼を言うのを忘れていた。「しまった！」と思ったが遅かった。このことが原因かわからないが、その授業の成績はCだった（成績はS、A、B、Cの順で四段階評価）。自慢するつもりはないが、私の成績はCが二つだけで、八割以上はSとAが占めていたから、全体の中で良いほうだったと思う。自分の成績を見ても、教授と親しい関係になっている科目の成績は悪くないのである。おそらく教授は「そんなことはない」と言うだろうが、学校といえども人間関係力学はサラリーマンの世界と同じで、より良いコミュニケーションはとても大切なことだと反省を含め改めて感じている。

大学院生活も二年目に突入し、修了研究がスタート。

年が明け、大学院入学からまもなく一年が過ぎようとしていた。一年次の一月下旬に修了研究の指導教官二名を決めることになっていたので、現代経済論のＫ教授と消費者行動論のＴ教授にお願いに行った。お二人とも快く引き受けてくれた。

Ｔ教授の授業は履修しており、親しみを感じていたのでお願いした。Ｋ教授には初めてお会いしたが、高慢な雰囲気がなく感じが良かった。偶然だがお二人とも私の十二歳下の午年で、干支が同じ。「馬が合うというのはこういうことか」と感じた。

そして二〇一七年四月、二年次の春学期前半①後半②が始まった。再びＷＥＢで科目登録を行った。登録したのは「不動産ビジネス論」。上野ビルディングを賃貸経営するにあたり勉強になると思ったのだ。

また、修士論文を執筆するために、春学期、秋学期を通して修了研究の指導を前述の二人の教授に正式にお願いした。いよいよ修士論文のための修了研究が始まるのだ。

論文の題名は教授の意見を参考に「長寿の中小企業に共通する成長要因と日本特有の企業文化について」に決めた。五十年間にわたり会社を経営してきた私にとって格好の題材であり、修了研究を通じて深く掘り下げることができると思ったのである。

修士論文の執筆に当たってはいろいろと規則があり、まず論文の主眼は「事実に根差した関心に基づいて、今日の企業経営や経済社会が直面する問題や課題に対する理論的・経験的分析を研究論文としてまとめる修士論文（ビジネスリサーチ）を作成することを目標とする」と規定されている。作成の作業（事務局への各種書類提出）、構成（主題の概要、先行研究、事例研究、分析、仮説、調査、検証、考察、結論、今後の課題、他）、文字の大きさ、文字数（二万字以上）などが細かく決められている。最初は面食らったが、二人の教授が時々チェックしてくれるので助かった。

十一月初旬には論文を仮提出しなければならないので、そこを目指して書き上げるためにパソコンで検索したり図書館で文献・資料を集めたり、参考書籍を購入したりと、遥か昔に大学の受験勉強をした時のように、久しぶりに集中して執筆を続けた。

修了研究の中で見えてきた長期経営のテーゼ。

事例研究を進める中でわかったことがある。中小企業にとって悩みの種は、さほど優秀な人材は望んでいなくても、これという人材さえ採用することが困難であるという実態だ。そのためついつい身内を当てにしてしまい、それ以外の人材が育たないケースも多かった。

また、デフレ経済による消費者ニーズの変遷、国内産業の空洞化、少子高齢化による市場の変化に対応できず「守りの経営」になっているため、売上げが減少している企業が多く存在していたこともわかった。

そして、事業継承の問題。ふさわしい人材が見つからないケースが少なからずあり、さらにM&Aで譲渡したくても、業績が良くて先方の条件に合う会社は資料によると一割に満たないとのこと。相当厳しいと言わざるを得ない状況である。

これらの問題を五十年以上にわたり継続して会社を経営している、東京（建設会社）、静岡（鉄工製作所）、長野（味噌醸造所）の社長にインタビューのうえ調査を行ってみた。その結果、長い歳月にわたり会社を維持できた理由は、おおよそ次のようなことであった。

●オリジナル商品をヒットさせた。
●他社にない技術により売上げを向上させた。
●商品の特性に適合した販売戦略により販売ルートの開拓に成功した。
●市場の変化を捉えてタイミング良くイノベーションを遂行した。
●代々の社長が守ってきた有形無形の財産を踏襲して、「誠実」「信用」をモットーに社会に貢献する経営を行い、同時に公私混同を慎み、公平を重んじ、社員の福祉の向上と将来に安心感を与える改革など施策を実践している。
●事業継承は基本的には身内に引き継がせるが、適任かどうか判断して決めて継承に成功してきた。

結局、経営者の理念（哲学）とリーダーシップの真価によって企業の命運が左右することは間違いのない事実であることを痛感した。

二人の教授による指導のもと着々と進めた論文執筆。

七月中旬で春学期①②の「不動産ビジネス論」の科目は終了し、夏休みに入った。そして夏休み中は、論文執筆のために大学の図書館を度々利用した。図書館は広く快適で、大学院生専用の部屋もあり、家にいるより執筆が進んだ。体内に尿を抱えているので汗と暑さには参ったが、気力のほうが勝ったせいか、何とか夏を乗り越えることができた。

九月二十日から始まる秋学期①②に向けて、K教授の「現代経済論」の科目コードをＷＥＢで登録した。K教授は修了研究（修士論文）のメインの指導教官で私の論文をチェックしてもらっているので、科目の履修は当然のことである。

K教授の講義は今まで勉強したことがないイギリスとフランスの経済史で難しかったが、中でもアダム・スミスの「道徳感情論」（一七五九年）と「国富論」（一七七六年）の難解な本を読んで、イギリスとフランスではすでに江戸時代の中期に経済思想の芽が出ており、新古典派経済学、マルクス経済学、大正末期にあたる一九二三年のケインズ経済学につながっていったと理解した。この講義は有意義でとても勉強になった。

K教授は京都大学大学院で理論経済学を研究した後、立教大学経済学部教授を歴任して大学院教授に就任したのだが、偶然にも大学は私と同じ早稲田だった。

それからもう一人の修了研究の指導教官であるT教授は、立教大学を卒業後、アメリカに渡りニューヨークでインターネットビジネスを立ち上げた後、横浜国立大学で講師を歴任し、立教大学大学院教授になった方だ。

お二人とも先生という職業にありがちな上から目線の感じはなく、スマートで親しみのある方々で、修士論文の執筆の指導では大変お世話になり感謝している。

K教授の修了研究のゼミでは、教授を囲んでのディナーや研修旅行なども行った。その時は五十年以上前の大学生時代を思い出して楽しかった。

口頭試問でのひと悶着の末、修了論文が合格し無事卒業。

十月末、修士論文を書き終えた。指導教官の承認印をもらい、十一月上旬にオンライン授業支援システムで論文を仮提出した。それはあくまで仮提出で、その後も加筆、修正を行い、年明けの二〇一八年一月上旬に論文の要旨を添付して正式に提出することができた。

半年掛けて修士論文がやっと出来上がり、肩の荷が下りて気が抜けた感じがした。ただし、提出後も一月末に口頭試問があり、これをパスしないと修了証はもらえずMBA（経営管理修士）の資格は与えられないのである。

2018年3月、立教大学大学院学位授与式にて。MBAを取得。

本心を言うと、私にはパスする自信があった。なぜならK教授が私の文章を全部読んでチェックしていたのと、大学が指針した修士論文の主旨（目標）に「事実に根差した関心に基づいて経済社会、企業経営が直面する課題に対して理論的、経験的分析を研究論文にまとめること」と書いてあったので、その主旨に沿って書いたと確信を持っていたからである。

そして一月末、私の指導教官でない二名の教授による審査会（口頭試問）の日を迎えた。夜八時頃、私の番になった。やはり緊張した。

面接官の一人は、一昨年の春学期に受講した授業の教授で、成績は最高評価のSをもらっていた。もう一人は知らない教授で、以前、証券会社の役員をしていた人物と記憶している。

机に座った途端、場はこわばった雰囲気に包まれた。知らないほうの教授が「あなたの論文はエッセイと同様に現実的で考察が不十分である。したがって、どうするか検討したい」と言った。私は「そんな馬鹿な！」と言いたかったが我慢した。ただし、合点がいかなかった。

一昨年授業を受講したほうの教授は、ずっと喋らず苦い顔で下を向いていた。緊張が走った。しばらくして、その教授が「指導教官はどう評価したのですか？」と訊いてきた。「文章を全部チェックしてもらい、合格点をもらいました」と私は答えた。しばらく考えた後、今度は「上野さん、大学に残って博士号を取得しませんか？」と言ってきた。私は「今年で七十六歳になるので難しいです」と答えた。もう一人の教授が私の歳を聞いて驚いた様子であった。質問してきた教授がどういう考えで博士号取得の話をしたのか、その真意は今もわからない。

面接は終わった。何人かは不合格になると聞いていたので、もしかするとダメかもしれないが、かなり時間をかけて調査し、教授に指導してもらいながら執筆したのでそんなはずはないと私は信じて疑わなかった。

審査会は一月中に終了し、一ヶ月後の二月二十八日に合格の知らせが届いた。合格はしたものの、すっきりした気分ではなく嬉しい感情が湧いてこなかった。修了論文が合格したことより、その結果として大学院を卒業できることのほうが嬉しかった。いま思えば、腎臓の周りに尿一リットルを溜めたまま往復二時間半も掛かる池袋の立教大学に、よく二年間も通えたものだ。

三月十三日の成績発表を経て、同月二十四日、大学院学位授与式が開かれた。式典では一人ひとり呼び出されて修了証を受け取った。「やった、これで卒業ができた」。嬉しかったが、周りに分かち合う人がいなかったので何となく孤独感を覚えていた。

最後に大学院の二年間を総括すると、ほとんどの人が自分の研究成果（修士論文を含む）を活かしてワンランク上の会社に就職するために在学しているが、研究する場としては環境が良く大変恵まれていると言える。しかし勉強以外の課外活動は少なく、自分から積極的に働き掛けないと友人と遊ぶ機会は限られることになる。

ところで、大学院と聞くと入学試験が難しくハードルが高いと思いがちだが、リタイアしたシニア六十～七十歳の人たちが自己実現のために研究、勉強したいと思って挑戦すれば門戸は大いに開かれていると言っても過言ではない。

さて、大学院を卒業しＭＢＡ（経営管理修士）を取得したので、いよいよ「中小企業経営のアドバイザー」としてのステップを立ち上げねば意味がない。そう考えてあれこれと思索しながらチャンスを窺っている今日この頃である。

恵まれた環境から一転した、我が青春時代を振り返る。

ここまでの私の話は大半が仕事のことで、プライベートな話題にはほとんど触れてこなかった。そこで、恥を顧みず少しだけ私生活をご紹介したい。

前述したが、人は生まれや育ち、置かれている立場、環境によって価値観や意見が異なるのは当然である。私の物の見方や考え方に異論がある人もいるし、神や自然の原則を除いて何が正しいかを判断するのは難しい。私の持論をお伝えするにあたり、そのことを前置きしておきたい。

私は客観的に考えて、恵まれた環境のもとに生まれ育ったと思う。まず父が味噌醤油問屋を起こし戦後の物不足の時代に大量の販売をして事業に成功した。そのため我が家は金持ちになり、小・中学では家庭教師もつけてくれた。

一九六五年に大学を卒業できたのは、教育熱心な両親のお陰であることは言うまでもない。その当時大学に行けたのは六割くらいと記憶している。我々の年代が小学生の頃は、戦後（1945年・当年三歳）の物資不足で、みんな貧乏で家にテレビも冷蔵庫も洗濯機もなく、海外旅行は夢の夢だったし、百万円貯めれば一生食べていけると本気で思っていた。遊びはもっぱらメンコとベーゴマそれにチャンバラ遊びであった。

高校・大学の時代は政治に関心があって、どちらかと言えば左翼だった。「安保反対」でデモにも出掛けた。みんな血気盛んでハングリー精神を持っていたと思う。残念ながら今の学生は、政治や社会に対して問題意識が薄いと思う。人は豊かになると怠惰が始まると誰かが警告していたが当たっていると思う。物質文化に負けてしまったのか、私たちの世代がいなくなった後、日本の将来がとても心配である。

こうした環境の中で育ち「将来は有名な商社に入って世界を股に掛けて仕事をしていこう」といった夢も見ていた私だったが、父の急死で状況は一変。会社の経営を引き継ぐだけでなく、母と二人の妹、弟の生活費も稼がなければならなかった。したがって青春時代である二十代に音楽やスポーツなど趣味に興じる暇はなく、さらに女性が好きなわりにはお喋りが過ぎてチャンスを逃していた。

テニスを通じて得た、かけがえのない出会いとふれあい。

一九七〇年代からは高度経済成長期の荒波の中を駆け巡り、朝から晩まで残業も気にせずによく働いた。この時代、日本ではナショナル（パナソニック）、ソニー、キヤノン、シャープ、新日鉄、東芝など多数の大企業が全盛期を迎えていた。我々の世代が中心となって働き、寄与していたことは間違いがないし、仕事にプライドを持っていたのだと思う。そのため「働き蜂」と揶揄された。楽しみはバーやキャバレーに飲みに行くとか、麻雀やパチンコに耽ること。テレビはもっぱら野球観戦で、サッカーやラグビーはポピュラーではなかった。ゴルフができる人は、経済的にも時間的にも余裕がある人に限られていた。

そんな時代に、私自身は同じ業界の社長に呼ばれてゴルフに夢中になっていた。三十代になるとゴルフよりもテニスに凝り始め、それは四十代半ばまでおおよそ十五年続いた。

田園調布の高級テニスクラブに所属していたためか、石原慎太郎氏や、錦織圭プロを世に送り出したソニー副社長の盛田正明氏と知り合いになり、よくテニスにお付き合いしていただいた。会社なら雲の上の人だが、スポーツではどんな偉い方でも「ただの人」としてお付き合いできるという利点がある。盛田さんとは三十五年以上経った今でも年賀状をやりとりさせて頂いており有難く敬服するばかりである。「実るほど頭を垂れる稲穂かな」の諺通り、高名な方なのに腰が低く親しみのある方で、心から尊敬している。余談だが、盛田さんの実家は名古屋で酒、醬油の醸造業を営んでおり、前社長の時代から三十年以上取引をしていた。なお、石原さんとは何度もテニスをしたのに、十年後にゴルフ場で再会したが忘れられていた。

テニスではいろいろな人との出会いがあった。その当時知り合った大学の先輩であるSさんはとても元気な人で五十年経った今でもゴルフ仲間として付き合ってくれている。この方は男女を問わず人気があり、特に女性にもてた。女性の気持ちに寄り添うのが天才的に上手で、誰も太刀打ちできなかった。それに対して私のような現実的でストレートに理屈を捏ねる人間はまったくもてず、諦めるしかなかった。男性と違って女性をその気にさせるには特別なコミュニケーション能力が必要なのかもしれない。このSさんは奥様に先立たれて、一年も経たずに八十歳にして再婚した。羨ましく、不公平だと思ったのは私だけではなかった。

広がり深まっていく、たくさんの友人たちとの輪。

私は勤労生活が長かったので仕事仲間の友人はたくさんいたが、会社をリタイアするとそれらの関係は薄くなっていった。そして、利害関係がないスポーツの仲間（ゴルフのメンバー）との付き合いが多くなった。

私が三十年前から所属しているNゴルフクラブのメンバーは中小企業の経営者が多く、性格も開けっ広げで話しやすく、よく言えば親しみやすい人たちで占められている。長い付き合いなので、大きな声で自己主張しても、周りの人たちも個性的な人が多いので受け入れてくれる。七年前に入会したSゴルフクラブは上場会社の役員が多数おり、社内競争で勝ち抜いてきた人たちだけに付き合いが上手く、真面目でおとなしく、よく言えば紳士的なメンバーで構成されている。声が大きく、自己主張する自分とは異なるタイプの人たちなので、コミュニケーション能力が欠けている私にとって苦手な領域だ。しかし、他の人にとても好かれているメンバーを見ているうちに、残り少ない人生を楽しく過ごすにはコミュニケーション能力がいかに大切かを強く感じ、振る舞いに気をつけるようにしている。

そう言えば、三十五人ほどのメンバーで構成され、三十五年以上続いた「イナナキ会」という名称の会があった。食品の業界新聞が昭和十七年・午年生まれの人々を集めたもので、馬の鳴き声であるイナナキから付けた名前である。個性的な人が多く、現在、参議院議長の山東昭子議員、つぼ八の創業者の石井誠二氏（故人）、叙々苑の創業者の新井泰道氏、いきなりステーキ創業者の一瀬邦夫氏、井村屋グループの会長である浅田剛夫氏、アサヒビール社長の荻田伍氏など、錚々たるメンバーが名を連ねた。私はその当時、日本で初めてカップみそ汁を開発したものだから、名前も少し知られていて仲間に入れてもらった。彼らとはゴルフや旅行を通して親しく付き合ってきた。

面白いことに、イナナキ会に所属する創業社長のほとんどは勉強が嫌いで成績が悪かったそうだ。勉強ができなければ出世もできないとは限らないわけである。知恵（創造力）と持ち前の才能を活かして起業すれば、規模の大小に関係なく十分に勝ち組になれる。

勝ち組と言えば特筆するべき人がいる。（株）玉子屋の創業者、菅原会長である。気取らず、開けっぴろげで冗談ばかり言って周りを和ませ、人使いが上手い人である。黙っているとこわもての兄貴の風貌であるが、話をすると風貌に似合わず繊細で賢い人である。専務の奥様と共にオフィス向け弁当を日本一にした功労者である。玉子屋は昼食の弁当を一日六万五千食販売する日本一の給食会社で、テレビで何度も放映されたので知っている方も少なくないと思う。菅原会長とはたまに政治や経済の話をするが、どういう訳か考え方や主張が私と同じで、こんなに同調できる人は他にはいない。親しく気楽に話せる希少な人物なので大切にしたいと思う。

アメリカ人やヨーロッパ人の多くは、大企業に行くよりも自分のスキルアップのために敢えて小企業に就職してから起業する傾向が強い。日本の若者もそろそろ「寄らば大樹の陰」は通じない時代が来ていることを認識し、自己の実力を磨くいわば自助努力をしなければならない。

人間というのは他人の利点や欠点はわかるが、自分自身のことは一番見えていない。人が優位に立つことを心の中では許していないものだし、出る杭は打たれる場合が多いから謙虚で正直なタイプが好かれる。能力と実力があるからと言って出世できるとは限らない。相手の立場や考えに配慮しながら自分の考え方を静かに伝える術を身に付け、明るく振る舞うタイプが日本の社会では優位に立ち、出世している人が多い。私にはできないが、サラリーマン社会では処世術は必要なスキルになる。しかし、世界が急速にグローバル化するにつれ、自己主張に弱く、おとなしい日本人は、国際社会では通用しなくなると思う。今の若者を見ると保守化していて、昔に比べて欧米に留学する人が少なくなっている。世界で活躍している人が他のアジア諸国に比べて少ないのは、日本の将来にとって由々しき問題で座視できない。

さて、私をSゴルフクラブに紹介してくれたI氏はかつてJALの役員を務めていた人物だが、皆に好かれていて彼を悪く言う人はいない。しかも、しっかりした主張を持っている。バランス感覚が素晴らしいのである。それとI氏が仕事の引継ぎで紹介してくれた当時JALUXの専務T氏とは、互いに引退した後も馬が合い十五年以上経った今でも付き合っている。

私は声が大きく、おしゃべりで、歳のわりに若く見え、貫禄がないものだから、軽く見られて、年下にため口をきかれて心中穏やかでないのだが、心の広いI氏のようにはできないから、バカ正直に生きるしかないと思っている。

もちろん、人間の深さとは表面だけではなかなかわからない。風貌や言動に惑わされ、第一印象で人を見定め、出身大学、職業、肩書で勝手に人間の価値を決めてしまいがちだ。例えば、国会議員を先生と呼んで持ち上げる人は多いが、先生だから人間性が高いかどうかは別問題だ。先生だからと言って特別視して持ち上げるのは、日本人の悪しき慣習だと思っている。医者も弁護士も寿司の握り方では寿司屋の職人にはかなわない。職業人はその道のプロで、みんな先生なのである。

Sゴルフクラブでは同じ大学出身の先輩、後輩とプレイをする会があり、特に先輩には目をかけてもらっている。Sゴルフクラブ入会の直後は一緒にプレイする知り合いが少なかったのでとても助かった。

入会して七年経ったので、今ではプレイをする仲間が少しずつ増えてはいる。社内競争に勝ち残って役員（将校）になった人たちは、皆、処世術が身に付いていて、スマートである。その代わり個性的な人が少ないのは少し残念だ。縦組織の会社では、個性が強く自己主張する人は排除されやすいので仕方がないと思う。将校と違い、現場で働く特攻隊の私は、攻めながら道がないところに道を作ってきたわけだが、処世術が下手で仲間に入るのは容易ではなかった。

その中でも付き合い始めて一年しか経たないのに、私が癌で入院している時に花など見舞い品を贈ってくれた人たちがいたので、とても有難かった。こういう人たちこそ親友だと思ってしまうものだ。

その一方で、高校・大学時代から親しく今でもお付き合いをしている親友二人と、ボランティア活動を十五年以上一緒に続けている親友がいる。彼らは、私の人生の宝と言って良い。

その他、最近（と言っても六年以上経つが）、大学の世田谷校友会の仲間と会合を持つ機会が多くなった。彼らはサラリーマン出身で、真面目な理論家タイプが多い。私は食品に関係していたので、この会のグルメ担当で、年二回食事会を開催している。今後は彼らの何人かと親友になれれば幸いだと思っている。

ミッションを胸に抱き、心を燃やして終着駅を目指す。

取り留めもない文章を書いてきたが、最後に書いておきたいことがある。私たちの年代になって大事なことは、会社をリタイアした後、どのような人生設計を持ちそれを生きがいにして活動し、人に迷惑を掛けずに自分のミッションを最後まで追求できるかであると考える。ポジティブな人生設計によって「遊び」「趣味」「仕事」の仲間が出来て、やりがいや生きがいにつながっていくのだと思う。まさに自己実現の世界である。もちろん健康がベースで楽しく長生きするに越したことはない。

前述したが、私には人生設計の中で自分が決めたミッションがある。「経営のアドバイザー」と「ボランティア活動」である。食品会社の社長として経営を五十年続けてきた経験と大学院でＭＢＡを取得した理論をリンクして、中小企業のアドバイザーとして活躍する。そして、自分の人生を俯瞰した時、環境に恵まれ、病気から生きるすべを教わり、プラスが多い分を世に返さなくてはならないと思う気持ちが「ボランティア活動」につながったと思う。この二つが今後の人生の両輪として駆動し、ゆっくり確実に終着駅までたどり着けることを願っている。

最後になるが、サミュエル・ウルマンの詩である「青春は年齢ではなく燃え盛る心の様相を謂うのだ」を思い出した。皆さん、生きるも死ぬも神の裁量だから、お互いに健康に気をつけて明日を信じ、絶え間なく心を燃やし続けようではありませんか。

1942年5月	東京都品川区生まれ。
1965年3月	早稲田大学第一商学部卒業。その10日前に父(48歳)が急逝し、家業を引継ぎ、上野食品株式会社の社長に就任。
1977年6月	日本初のカップみそ汁「スタンカップ」を開発し、コンビニ、弁当チェーンにて販売。大ヒット商品となり食品業界の注目を浴びる。
1989年11月	文部科学省認定のインターンシッププログラムの資格試験(民間大使として日本の文化を外国に教えに行く資格)に合格。その後、教育ビデオの制作と販売、英会話学校を経営。
1991年8月	大田区千鳥町に5階建自社ビルと世田谷区等々力に社宅を新築し、10億円(9億円借入れ)を投資。
1994年9月	陶器釜めしセット(固形燃料使用)を開発して大手通販会社と取引を開始。テレビショッピングを開始する。
2012年1月	M&Aで上野食品(株)を東証一部上場の(株)G-7ホールディングスに譲渡。引き続き2年間、代表取締役社長に就任。
2012年4月	創業70周年記念の祝賀会を開催。
2014年1月	上野食品(株)と(株)G7ジャパンフードサービスが合併して(株)G7ジャパンフードサービス東京大田事業所として業務を継続。上野は退任し顧問に就任。
2014年12月	(株)G7ジャパンフードサービスの顧問退任。
2016年4月	立教大学大学院ビジネスデザイン研究科入学。
2018年3月	同研究科卒業、MBA(経営管理修士)取得。

上野俊夫 略歴

上野俊夫の経営理念

（1）経営の目的は、社会に役立ち、それに見合う収益を得て、社長を含む株主と社員に分配して、生活の安定と働いている人たちのやりがいや生きがいのために経営するのであって、決して金儲けのためのものではない。金儲けは手段であって目的ではない。

（2）社会の経済環境は、常に変化するので市場のニーズに対応した明確な戦略とイノベーションを遂行して業績の安定と向上を図り繁栄に導いていかねばならない。イノベーションを起こすことができるかどうかが、会社の盛衰を左右すると言っても決して過言ではない。

（3）公私混同をしない。特に社内での身内関係は注意が必要。経費の使い方は公正でなければならない。会社は公器であり私物ではない。「飲食、接待、ゴルフ、交通費」などについて公私混同は禁物である。

（4）社員とは、仕事ができる・できないに関わらず常に等距離で付き合う。特に女子社員は敏感である。退社後の社長と社員の飲み食いは公平に行うべきである。また、部下が上司に私的な贈答を行うのは公正に欠けるのでやめさせること。
（5）コンプライアンス（法令遵守）に積極的に取り組む。企業のリスクマネジメントは非常に重要で、対応を誤ると会社の存亡の危機さえあり得る。「人事問題、公正な経済活動、環境問題、欠陥商品、クレーム処理」などには特に注意を払うこと。
（6）「五年」「三年」「一年」「月次」の経営計画を立て、将来の売上目標、社員の人数、国内、海外販売、上場などの目標を掲げて毎月、結果を社員に向けて発表する。特に売上げ、経常利益などの業績は毎月、社員に公表しなければならない。それに基づいて各部門の責任者は業績アップのために軌道修正を行う。
（7）優秀な人材ほど、会社の五年、十年後の将来と自分の立ち位置を考えて働く傾向がある。そうした「人財」を活かすために、社長及び幹部がどう応えるか、会社の将来に希望と夢をリアルに与えることができるか、特に社員を採りにくい中小企業にとっては重要な課題である。
（8）中小企業は大企業に比べて、特に男性の採用が非常に困難である。中小企業に求職するほとんどの人は大会社へのブランド志向が強く、中小企業に入社したものの会社が発展し、将来出世して安定した生活ができるかどうかなどを危惧している人が多いのがその一因である。しかし、女性は仕事の内容と労働条件、年収、雇用期間などで選ぶので、条件が合えば男性より採りやすい。昔と違って営業の仕事は車などに乗らず電車とパソコンでできるようになってきた。ハードからソフト、情報を重んじる時代、人手が足りない中小企業は女性が持つ能力を大いに活用するべきと考える。前述の通り上野食品でも女性の活躍が会社の発展に大いに寄与したのである。

（9）ナンバー2、ナンバー3の右腕を育てることは理屈ではわかるが、簡単ではない。会長または社長が経営計画を達成するために、ワンマンで強烈に部下を指導していくのは悪いことではない。ただし、部下の意見を聞くこと、仕事を任せて本人に遂行させる寛容な心を持つことが重要である。

「創業時から何倍にも発展する会社には、社長のほかに必ずナンバー2、ナンバー3がいるものだ。例えが大きいが松下電器、ホンダ、ソニーなどは、創業社長はカリスマだが右腕となる人財を育てたからこそ優良会社になったと思う。やはり社長の正しい経営理念と人柄（包容力）、指導力と言うかカリスマ性が部下に認められたから会社の発展をもたらしたと考えられる。私は、経営理念には多少自信があったが人を育てることに関しては能力不足だったと思っている。先頭に立って何でも自分でやってしまう性格が仇になり、「社長に任せておけば良い」と部下に思わせてしまうからだろう。部下には自分の意思で仕事をさせるようにして、失敗しても許容する広い心を社長は持たなければならない。それでも私が社長に就いた翌年に採用した社員二人が重役になり、一人は六十二歳まで、もう一人は代行社長も務め定年超えの七十歳まで一緒に働いてくれたのでまだ良いほうなのかもしれない」

（10）上野食品の社是は、「我々は、一致団結して社会の必要としている商品とサービスを開発し、それを適切に市場に供給しながら、物・心の向上を図らねばならない」であった。

（11）上野食品の社訓は、「①行ってまいります、ご苦労様、有り難うございます、を大きな声で言おう。②素直な気持ちで受け応えし常に前向きに、プラス思考で行動しよう。③自主的に目標と計画を立て本気でやり抜こう。④自分の仕事に責任を持って報告、連絡、相談を密にしよう。⑤時間と約束の厳守は信用の基本と心得よう。⑥コスト意識（節約）を常に持って合理的に行動しよう。⑦お客様はじめ、世の人々に生かされている自分を忘れずに、常に感謝の心を持とう。⑧規律ある生活をして健康の保持に気をつけよう。⑨苦難こそ自分を成長させるチャンスと考え、積極的にチャレンジしよう。⑩一つしかない自分、一度しかない人生、本気で生かそう今と将来」であった。

上野俊夫の人生哲学

（1）この世で一つしかない自分。一度しかない人生。これを活かさなければ生きている甲斐がないのではないか。

（2）運命は自ら招き、境遇は自ら創る。自業自得、因果応報は世の習いである。あなたに合った良い社会や会社はない。自らのエネルギーで幸福な人生を創造することができるかで決まる。

（3）人生は貸借対照表のようなもの。必要以上にプラスが多いと、マイナスも多くなる。過ぎたるは猶及ばざるが如し。金や、財産、地位、名誉よりも大切なものがある。今の自分の存在が祖先から引き継がれて人に導かれていることに気づき、心から感謝の念を持っているかどうかである。

（4）義務感は人をダメにし、本気（潜在意識）は成功に導く。やることに意義を感じ本気で行う。仕事が義務なら人生は地獄、仕事が楽しみなら人生は極楽。

（5）限界だと思い諦めたら、すべてはここで終わる。人事を尽くしてあらゆる糸口を見つけ抜け出す努力をする。決して諦めない。アイディアやイノベーションはここから生まれる。

（6）神は破綻する前に苦難や逆境を与え、精神的警告をする。また死の前に病気を与え、肉体的警告をする。有難いことだ。

（7）人にはそれぞれ考え方や意見の食い違いがある。相手の立場を理解することに努めたうえで、自己主張ができるコミュニケーション能力を身に付けることが肝要である。

上野食品の開発商品

上野食品の自社開発・主要ブランド商品ラインアップ

スタンカップ・みそ汁1食袋3種

スタンカップ・ビッグカップみそ汁6種

コンロ付釜めしセット松茸（固形燃料使用）

各種ご当地釜めし及び袋詰（電子レンジ使用）

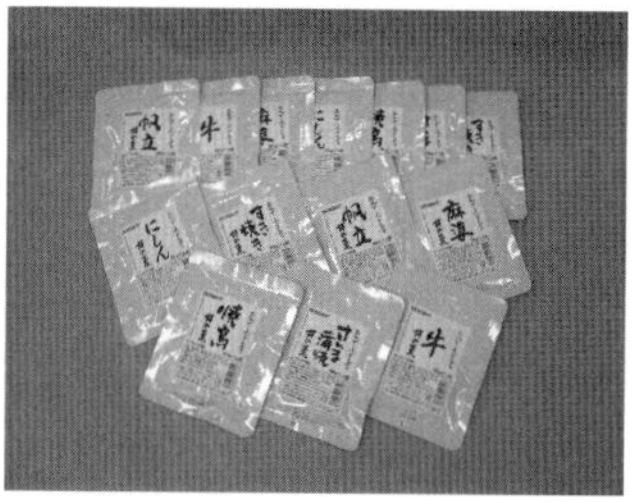

小どんぶりの素7種類×2（レトルトパック）

煮物6食セット（レトルトパック）

著者紹介

上野俊夫（うえの としお）

復活経営《ふっかつけいえい》

起業《きぎょう》して50年《ねん》 諦《あきら》めないから今《いま》がある

2020年10月29日　第1刷発行

著　者　　上野俊夫
発行人　　久保田貴幸

発行元　　株式会社 幻冬舎メディアコンサルティング
〒151-0051　東京都渋谷区千駄ヶ谷4-9-7
電話　03-5411-6440（編集）

発売元　　株式会社 幻冬舎
〒151-0051　東京都渋谷区千駄ヶ谷4-9-7
電話　03-5411-6222（営業）

印刷・製本　シナジーコミュニケーションズ株式会社
装　丁　　MOON HOKYUN

検印廃止

Printed in Japan
ISBN 978-4-344-93052-0 C0095
幻冬舎メディアコンサルティングHP
http://www.gentosha-mc.com/